A BU B AKARR J IIFIN J ALLOH

DEPUIS BABYLONE

JUSQU'AU FUUTA JALOO

Une Vaillante Odyssée

i

Dedicace

Je dédie ce livre à :

- ma femme, Fatmata Nippy Koroma,

- nos enfants, Bashir Jalloh, Umu Jalloh,

- et à toute la famille Jalloh vivant en Sierra Leone, en Guinée et

aux États-Unis d'Amérique.

Sommaire

P r é f a c e

Depuis Babylon Jusqu'au Fuuta Jaloo – *Une Vaillante Odyssée* est une exposition détaillée, mais généreuse, de la vie et de l'époque des Foulbhé. Dr Jalloh explique l'histoire, tisse la culture dans la migration, lie la religion à l'attachement, relie les contes à l'éducation, mais montre de manière convaincante la dynamique du développement des Foulbhé, à mesure que les lecteurs traversent le continent africain.

L'auteur n'a pas seulement reproduit l'art oratoire des Foulbhé par écrit, mais il lui a également donné une forme plus permanente et a transmis d'avantage la documentation à un public mixte et très évolué. Il a présenté distinctement l'exposition des Foulbhé aux différentes religions abrahamiques par le biais d'un dialogue et d'un récit à la troisième personne, afin de minimiser les infractions; car l'insensibilité religieuse, d'une manière inexplicable, a souvent déclenché des conflits sociopolitiques et économiques à travers le monde.

L'absence d'un front commun, les conspirations, l'ambition démesurée pour le pouvoir et la succession parmi les Foulbhé, couplée à la balkanisation de l'Afrique à la Conférence de Berlin de 1884-85, ont finalement porté atteinte au processus de développement louable de ses ancêtres au Fuuta Jaloo.

Fatmata Nippy Koroma
-Février 2023, USA

Un travail impressionnant et absolument superbe avec une narration intrigante.

Dr Ronald Nguele

Université de Kyushu, Japon

Une œuvre remarquable et inconditionnellement brillante, car l'auteur y mêle une narration séduisante d'un récit spectaculaire, sur l'origine et le parcours des Foulbhé, à travers les époques du point de vue de Poulâkou.

Ing. Alhaji Mohamed Jalloh

Université de Birmingham, Royaume-Uni

Un récit haletant sur l'origine et le parcours de la tribu Peulh, à travers les époques, de la Mésopotamie à l'Afrique de l'Ouest.

Dr Asemota Omorogbe Joseph
Université d'Abuja, Nigeria

Chapitre I

A Mes Enfants

Cela faisait longtemps que je réfléchissais, voire que j'hésitais à écrire un livre sur mes racines et mes origines. L'hésitation ne venait pas du manque de matériaux de référence, mais plutôt de l'approche à adopter. J'ai donc décidé d'éviter un récit partial et de produire un livre sublime.

De nombreuses tentatives d'identification de ma tribu ont été faites dans diverses régions du Sub-Sahara. Certains l'appellent Fulah, Fulani, Peulh ou Hâli-Poular. Mais nous nous appelons **Foulbhé** (au pluriel) ou **Poullô** (au singulier).

Il y a toujours eu des questions sur l'origine et l'identité de cette tribu. En dehors de la Guinée-Conakry, dans de nombreux autres endroits, les Foulbhé sont souvent qualifiés "d'étrangers" et d'envahisseurs. De nombreux surnoms péjoratifs ont été utilisés pour désigner la tribu dans certaines parties de la région sub-saharienne.

Les Foulbhé doivent-ils encore être traités comme des étrangers et des intrus dans la sous-région après avoir passé des siècles sur ces terres ? Cette ségrégation pourrait-elle être due à l'apparence, à la culture ou à un simple ressentiment ? Les Foulbhé manquent-ils de capacité à s'intégrer et à participer aux dialogues nationaux ou sont-ils agressifs ? Les réponses sont déroutantes mais constituent les blocs de ce récit. Dans la quête de l'origine et de l'identité, j'ai écrit du point de vue du Poulâkou, l'approche de mon ethnie.

Je m'appelle Abu Bakarr Jalloh, dont les ancêtres, comme beaucoup d'autres Foulbhé, avaient migré du Bhoundou (dans l'actuel Sénégal) et se sont installés à ***Kôboloniyâ***, à environ 40 km à l'Est de Timbo, l'ancienne capitale de la République théocratique du Fuuta Jaloo. L'Etat etait appelé théocratique parce que le pouvoir judiciaire se basait sur les textes islamiques pour faire un jugement équitable.

En comparaison, le Fuuta Jaloo théocratique était un État Fédéral comme les USA actuels. Les Dîwé étaient les États et les chefs des Dîwé étaient les gouverneurs. Le système de l'Etat Fédéral Américain par exemple est constitué des 3 Pouvoirs (exécutif, législatif et judiciaire). Le Fuuta Jaloo aussi en avait 3 : le pouvoir exécutif, géré par l'Almâmy (chef de l'Etat) basé à Timbo la Capitale Fédéral, le Dîwal de Fougoumba gérait le pouvoire judiciaire et le chef-lieu du pouvoir législatif. Le Dîwal de Bhouriâ serait le lieu où le vote pour choisir l'Almâmy serait comptabilisé, certifié et le gagnant annoncé.

Le pouvoir législatif s'appelait les Tékoun. Aux USA, il compose le Sénat (Tékoun = Sénat – Sénateurs). Aux USA, le président ne peut faire valoir une loi dans un État que s'il, au préalable, a consulté le gouverneur de l'État concerné. C'était pareil au Fuuta Jaloo. L'Almâmy ne pouvait faire valoir une quelconque autorité sans au préalable consulter le Landho Dîwal (gouverneur). L'Almâmy demandait toujours l'avale du pouvoir législatif qui constituait les Tékouns pour aller en guerre et c'est le chef des Tékouns qui regroupait ses collaborateurs pour appeler les autres armées à aller en guerre sur demande de L'Almâmy (Il ne contrôlait que l'Armée de Timbo, la capitale). Aux USA ce pareile. C'est le Sénat qui valide la décision d'aller ou ne pas aller en guerre. Aux USA, les soldats se regroupent dans une de leurs bases militaires (Fort) pour les dernieres instructions avant d'aller en guerre. Au temps du Fuuta Jaloo théocratique, les soldats se regroupaient à un lieu appelé Dâka pour recevoir les dernières directives avant d'aller en guerre.

Les USA n'acceptent pas qu'une politique étrangère se mêle de leur système politique c'est la différence entre eux et le Fuuta Jaloo. Au Fuuta Jaloo ce fut leur faiblesse car certains d'entre eux ont sollicité l'aide des Français pour déstabiliser le dernier Almâmy qui refusait l'alternance démocratique telle que la constitution le stipulait. C'est ce qui a affaiblit et à conduit à la déstabilisation du système fédéral du Fuuta Jaloo.

Il y avait des petites tentatives de déstabilisations entre les dirigeants du

Fuuta Jaloo ou ceux qui devaient prendre le pouvoir démocratique comme c'est le cas de tous les pays mais si ça restait entre eux, peut être que la force étrangère n'allait pas régner dans cet État. Ce fut l'erreur qui a causé la chute du Fuuta Jaloo qui était un modèle démocratique parmi les meilleurs au monde. Cet État démocratique du Fuuta Jaloo est fondé presque 50 ans avant la constitution Américaine.

Aujourd'hui nous pouvons imaginer que les USA ont copié ce modèle démocratique à travers les esclaves capturés au Fuuta Jaloo dont le Prince Abdourahamane, qui a brillé par sa capacité à diriger une société étant le fils d'un Almâmy Ibrahîma Sory Maoudho et qui connaissait par cœur le fonctionnement du pouvoir.

Le Fuuta Jaloo était - et est toujours - une société multiethnique et multilingue. Par le biais de la guerre et la négociation, elle devenait une puissance régionale, exerçant une influence et générant des richesses. En tant que nation souveraine, elle traitait avec la France et l'Angleterre en tant que pairs diplomatiques pendant des années, avant de capituler face à la France.

La république théocratique du Fuuta Jaloo était composée de neuf États, appelés *Dîwé* (au pluriel) ou *Dîwal* (au singulier) dans la langue indigène. Les neuf Dîwé étaient Timbo (la capitale), Fougoumba, Bhouriâ, Kébâly, Kollâdhé, Koyin, Labé, Timbi-Tounni et Fodé Hadji. Le titre du chef politique régnant de la république théocratique était **Almâmy**, (traduit approximativement comme le commandant des fidèles musulmans). Les dirigeants des Dîwé (États) étaient appelés *Lanbhé Dîwé* (au pluriel) ou *Landho Dîwal*, (au singulier).

Pour des raisons de commodité politique et administrative, les pères fondateurs du Fuuta Jaloo avaient divisé le territoire en trois entités géographiques comme suit : (1) celles de **Ley-Pellé** (pied des montagnes) ; (2) de **Hakkoundé-Mâdjé** (entre les rivières) ; et (3) celle de **Dow-Pellé** (sommet des montagnes). Les États de Timbo et de Fodé Hadji relevaient de la juridiction de Ley-Pellé. Fougoumba, Bhouriâ et Kébâly de la région de Hakoundé-Mâdjé. Timbi-Tounni, Kollâdhé, Labé, ainsi que Koyin relevaient de celle de Dow-

Pellé.

Constitutionnellement, seuls les descendants d'un même foyer pouvaient se présenter à l'élection de l'Almâmy du Fuuta Jaloo. Il s'agissait du clan Barry (branche Seydiyanké) qui est le descendant direct de Karamoko Alpha Ibrahîma Sambegou et Ibrahîma Sory Maoudho (le plus âgé/ainé). Les descendants de ces deux leaders-notables formaient ensuite deux partis politiques: **Soriyâ** et **Alphayâ**. Les citoyens appartenaient à l'un ou l'autre de ces partis. Il n'y avait pratiquement pas de neutralistes.

Le credo de la république théocratique de Fuuta Jaloo était **Leydi Dimé, Dîna é Dimâgou** (terre des fruits, de la foi et de l'intégrité). Après avoir conquis le pays, les Français inventaient également le leur, à savoir : **Leydi Pellé é Pénâlé** (le pays des montagnes et des contre-vérités), car ils prétendaient que le pays était plein de tromperie et de connivence.

Le territoire de Fuuta Jaloo s'étendait de la Casamance (Sénégal) à Kouroussa et Siguiri (Guinée). De Kakandé, Boké (Guinée) à Niokolo (Sénégal). De Kabala et certaines parties de Makeni (Sierra Leone) à Satadougou (Mali). Il s'était également répandu de Wélingara à Kédougou au Sénégal. Un tiers de la Guinée-Bissau se trouvait sur son territoire. La masse continentale était vaste.

Le modèle théocratique du Fuuta Jaloo, première nation créée sur la base de l'État de droit et dotée d'une constitution, inspirait de nombreux autres dirigeants qui cherchèrent à redessiner le paysage politique de l'Afrique subsaharienne.

Le Fuuta Jaloo fut fondé comme une république hiérarchique et féodale et adopta l'aristocratie. *L'Imâmat* (Almâmy) était entre les mains de deux familles (Soriyâ et Alphayâ) et toutes deux étaient considérées comme étant les mieux placées pour gouverner. L'aristocratie créait ensuite des crises entre les deux familles régnantes et dégénéraient en une grave hostilité conduisant à l'implication des Français et à la conquête du pays.

4

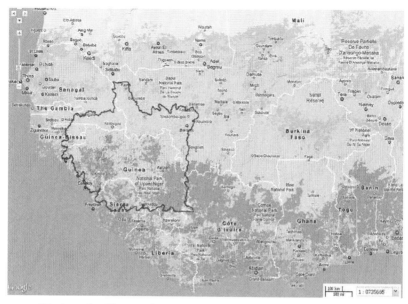

Limites des Hauts Plateaux du Fuuta Jaloo en Afrique de l'Ouest.
Source: Géoportail, FAO

Vue d'ensemble de Timbo avec la ville située dans une vallée
entourée par les chaînes de montagnes Helaya

Dans cette société structurée et hiérarchisée, les familles étaient placées en tête du classement social, sans ordre de prééminence des guerriers et des érudits. Dans la langue indigène, cela se traduit par les expressions suivantes: familles rompues à la manœuvre guerrière - détentrices d'épées et de lances - (*bhe kaafa-silâma eh labbôrou*) ; familles dépositaires de connaissance, à l'aide des ressources littéraires - livre et encre - (*bhe deftereh eh tinndôre-ndaha*).

Mes familles maternelle et paternelle avaient contribué de manière significative au développement du Fuuta Jaloo: Elles envoyaient des soldats pour combattre et défendre la nation dans de nombreuses batailles, tout comme elles produisaient des érudits islamiques, qui enseignaient au sein de la communauté. Ma famille comme beacoup d'autre, faisait partie de celles qui se trouvaient au sommet de l'échelle sociale. En d'autres termes, on pourrait dire que ma famille était à la fois détentrice des épées et dépositaire de la connaissance (*bhe kaafa-silaama eh bhe defteh*).

Ma famille maternelle était issue de la famille régnante Soriyâ et ma grand-mère (Thierno Mariama Barry), arrière-petite-fille d'Almâmy Sory Yilili, était une princesse de Fuuta Jaloo. Mâma Aguibou Barry, l'un de mes grands-pères, qui a atteint l'âge de 96 ans en 2021, connaissait très bien l'histoire ancestrale. Il révéla que sa famille avait participé à la plupart des batailles célèbres du Fuuta Jaloo. Il rappela qu'ils étaient aux côtés d'Almâmy Oumarou à Ngâbou, en vue de capturer Djanké Wâli Sâné, et d'Almâmy Boubacar Biro lors de la dernière bataille à Pôredâka. Il soutena également que lorsque Almâmy Boubacar Biro avait senti la défaite à Pôredâka, il fuit vers sa garnison centrale dans le village de Bokéto où l'un des oncles de Mâma Aguibou Barry était gardient. Malheureusement, Almâmy Boubacar Biro ne put joindre son régiment pour obtenir du renfort et il mourrut à Bôtôré.

L'opinion personnelle de Mâma Aguibou est que si Almâmy Boubacar Biro avait réussi à atteindre Bokéto, il aurait adopté des tactiques de guérilla pour combattre les Français ; car il était adepte de la guérilla et avait suffisamment d'hommes et de munitions à Bokéto. A Pôredâka, il fut trahi par les autres gouverneurs (*Lanbhé Dîwé*) ; car ils avaient refusé d'envoyer des troupes.

Mes ancêtres paternels étaient pour la plupart des érudits et des éducateurs islamiques (*Karamokôbhé*). *Karamoko* (enseignant) était - et est toujours - très respecté au Fuuta Jaloo. Ce titre est surtout associé aux enseignants de la communauté. Mes ancêtres paternels établirent avec succès des centres d'apprentissage du Coran dans leurs localités respectives. Thierno Boubacar Jiifin, mon père, était un érudit islamique réputé. Malheureusement, je n'ai pas eu l'occasion de lui demander, avant sa mort en décembre 2015, auquel des deux partis sa famille appartenait. Cependant, Mariama Jiifin, ma tante paternelle (*Yâyeh*), m'a dit que sa famille soutenait le parti Soriyâ.

Mammadou Bhôyie Jalloh Madina, mon grand-père paternel, est né à et, pendant les beaux jours de Fuuta Jaloo, il alla en expédition en Sierra Leone, mais il n'y était pas arrivé parce que sa grande sœur, à Kôlô Hinde, l'avait pressé de s'attarder pour la saison des pluies et de l'aider à la ferme. Il accepta la sollicitation et sa sœur le présenta à ma grand-mère qui devint sa femme. Après leur mariage, mon grand-père n'avait plus envie de se rendre en Sierra Leone, il était plutôt retourné à Kôboloniyâ avec sa femme. Sa femme rendait souvent visite à ses parents à Kôlo Hindé, un endroit plein d'animaux sauvages. Pour éviter qu'elle ne devint la proie d'animaux dangereux, il l'accompagnait toujours lors de ces voyages réguliers. Afin d'atténuer les désagréments liés aux déplacements entre les deux régions, il installa, dans un premier temps, un établissement agricole entre Kôboloniyâ et Kôlo Hindé, appelé Kolla. Plus tard, il fonda le village de **Jiifin**.

Mon père est né pendant le régime colonial français. Ce fut une période difficile pour les Foulbhé de Fuuta Jaloo. Le système fiscal était très punitif ; car les Français encourageaient les collecteurs d'impôts à souvent fouetter physiquement et à infliger des douleurs à ceux qui ne pouvaient pas payer les impôts. En outre, les collecteurs d'impôts gonflaient généralement les cotisations, puisque les dirigeants coloniaux ne les payaient, ni ne les compensaient pour leurs tâches. Leur salaire provenait du montant illégal imposé sur l'impôt légal. Si une famille refusait de payer, chacun de ses membres recevait une bastonnade publique de la part des collecteurs d'impôts.

Vers la fin de la Seconde Guerre mondiale, on assista à une migration massive vers les terres voisines en raison de la chérété de la vie.

Par conséquent, mon père, tout comme bon nombre de ses compatriotes, émigra en Sierra Leone pour y trouver de meilleures opportunités. À cette époque, la Sierra Leone était sous domination Britannique et était considérée comme un phare brillant en Afrique subsaharienne. Les habitants du Fuuta Jaloo, par l'intermédiaire de leurs dirigeants (Almâmys et Lanbhé Dîwé), avaient entendu dire que les commerçants Britanniques, ainsi que les colonisateurs en Sierra Leone, étaient plus intègres et libéraux que les Français en Guinée. La bienveillance des Britanniques encourageait de nombreux Foulbhé à migrer du Fuuta Jaloo vers la Sierra Leone, avant même que le Fuuta Jaloo ne capitula aux mains des Français.

La plupart des immigrants du Fuuta Jaloo pensaient qu'une fois en Sierra Leone, leurs difficultés seraient terminées ; mais ce fut le contraire. Pour mon père et beaucoup d'autres Foulbhé du Fuuta Jaloo, Mâsina et Tôrô, les défis prenaient différentes formes, telle que la difficulté à obtenir des permis de travail et des cartes de résidence pour légaliser leur séjour et leur travail dans le pays. Ils durent subir des provocations quotidiennes en raison de leur apparence et de leur accent. Lors de sa première tentative d'entrée en Sierra Leone, mon père n'avait pas les documents appropriés. Les douaniers l'avaient donc arrêté à la frontière et le renvoyèrent en Guinée. Il effectua trois tentatives infructueuses pour entrer en Sierra Leone. Après sa troisième tentative, il put obtenir les documents nécessaires et s'installa en Sierra Leone.

Étant l'enfant d'un érudit islamique et d'un migrant, j'ai suivi les traces de mon père. Je suis né, grandi et fait mes études en Sierra Leone, mais je suis parti en Guinée à l'âge de sept ans en raison de la guerre civile dans mon pays natal. J'ai commencé ma scolarité en Guinée, puis je suis retourné en Sierra Leone après la fin des hostilités. J'ai déménagé au Japon à l'âge de 25 ans, où j'ai vécu, étudié et travaillé pendant mes études de troisième cycle. Au cours de la première année de mon programme de doctorat, en 2015, j'ai eu l'occasion de présenter l'un des résultats de mes recherches universitaires lors d'une conférence prestigieuse aux États-Unis d'Amérique (USA). Durant l'été de cette même année, mon frère aîné, Yaguba Jalloh, m'a invité à passer les vacances d'été avec lui aux États-Unis. Pendant ces vacances, j'ai rencontré et je suis tombé amoureux de Fatmata Nippy Koroma. En 2016, je me suis marié avec elle et je me suis réinstallé aux États-Unis après avoir terminé mon doctorat au Japon. A la suite de ce mariage, nous avons eu deux enfants, Bashir et Umu Jalloh.

Chaque fois que je regarde mes enfants, cela me rappelle le poids de ma responsabilité envers eux. J'aspire à leur inculquer la fierté de leur héritage, la compréhension de leur histoire, la reconnaissance de leur but et l'amour de leur peuple. J'aimerais qu'ils connaissent la force et la puissance de leurs ancêtres, de leurs racines, de leur origine, qu'ils gardent la tête haute, en appréciant leur héritage sans être arrogants ; qu'ils ne soient pas intimidés parce qu'une autre société choisit soit de dominer la terre de leur père, qui est une terre de fiers ancêtres, ou d'obscurcir la source de leur origine.

C h a p i t r e II

Nous Sommes des Colons

L'inspiration pour écrire sur l'origine de Foulbhé est venue d'une conversation que j'ai eue avec Lauren, Olivia et Menelik, trois de mes amis afro-américains à Pittsburgh, aux États-Unis, en 2017. Ces trois personnes avaient été des camarades de classe de ma femme à l'université. À cette occasion, notre discussion portait sur les inégalités raciales, l'injustice et la brutalité policières, ainsi que sur la perception des Noirs en Amérique par les autres races. Au cours de cette conversation, un consensus se dégagea sur le fait que les Noirs américains appartenaient rarement à la classe supérieure américaine.

Mais une de mes positions fortes était que nous étions tous des immigrants en quelque sorte, quelle que soit notre destination. Je leur ai dit que les gens devaient venir de quelque part pour s'installer ailleurs, même si leur séquence d'arrivée différait souvent. Les séquences d'arrivée donnaient souvent aux premiers arrivants l'avantage d'avoir des lois favorables, tout comme les arrivants tardifs se sentaient souvent comme des naufragés de la communauté des premiers colons.

J'étais moi-même stupéfait après avoir fait cette remarque apparemment consolante, car c'était spontané depuis mon arrivée aux Etats-Unis. L'Amérique est une terre d'immigrants et s'enorgueillit de sa diversité ; mais voici une conversation qui ouvre les plaies de la discrimination, où la perception de la façon dont les gens sont arrivés dans le pays devient la base de la relation avec eux. C'est incroyable ! Mes amis m'ont dit que j'avais de la chance que mes ancêtres ne soient pas arrivés aux États-Unis durant la pratique de l'esclavage. Pour eux, j'avais la chance d'avoir connu l'Afrique comme la terre de mes ancêtres et une patrie où tout le monde avait les mêmes droits. Leur remarque m'a fait réfléchir.

" Ah, si vous saviez comment nous nous victimisons les uns les autres, en Afrique, à travers le prisme de la tribu et de la religion..."

Telle était la réalité qui m'avait traversée l'esprit.

"Oui, j'ai de la chance", ai-je répondu sur un ton mitigé. La conversation s'était terminée par une invitation ouverte à venir en Afrique. Je leur avait dit qu'ils étaient les bienvenus en Sierra Leone et en Guinée pour une résidence permanente et des investissements, même si je n'étais pas sûr que cette offre susciterait un interet de leur part ; mais je me sentais mieux de la faire. D'après leur réponse, je savais qu'ils étaient aussi honorés que moi de s'installer en Afrique.

Quelques jours après cette conversation symbolique avec mes amis de Pittsburgh, je recevais un message WhatsApp d'un collègue au Ghana. Il contenait une série de photos et de vidéos dans lesquelles certains Ghanéens de différentes origines raciales tuaient les vaches des éleveurs Foulbhé et s'emparaient de leurs biens. Les auteurs décrivaient les victimes comme des étrangers et les invitaient à retourner dans leur pays.

En 2018, un autre ami malien m'a envoyé un ensemble de photos et de vidéos offensantes. On y voyait certains Maliens associés au président de l'époque, Ibrahim Boubacar Keita (IBK), réduire une ville en cendres pendant que les habitants dormaient. Toutes les victimes étaient des Foulbhé et leur infraction était qu'ils n'étaient pas des indigènes de la communauté. Leurs assaillants faisaient partie d'un groupe de chasseurs traditionnels mandingues appelés Donso, qui avaient auparavant abattu du bétail, tué des hommes, des femmes et des enfants et les avaient enterrés dans des fosses communes.

Chaque fois que j'ai reçu des messages aussi inquiétants, j'ai interrogé des amis de ces pays sur les chats privés des médias sociaux. Ils ont souvent exprimé leur mécontentement. Parfois, ils doutaient que ces choses se soient produites ou que des pervers de l'internet s'amusaient. Je leur assurais généralement que les vidéos n'étaient pas inventées, mais qu'il s'agissait d'événements réels qui se déroulaient. Certains condamnent sincèrement les actes. D'autres les justifient. Jusqu'à présent, je n'arrive toujours pas à comprendre que l'on puisse avoir vécu avec certaines personnes pendant des centaines d'années, tout en étant considéré comme un étranger, parce qu'ils constituent une minorité ou qu'ils soient nettement différents de la majorité, en termes d'apparence et de culture.

Si vous entendez que les gens parlent du mouvement Black Lives Matter (BLM) en Amérique aujourd'hui, c'est grâce aux Foulbhé. C'est à cause de l'histoire de Amadou Diallo, qui avait été tué le 4 février 1999 à New York, par la police Américaine. Une injustice qui avait soulevé une masse populaire et qui avait mobilisé pour la première fois de l'histoire plusieurs activistes noirs américains, pour dénoncer le racisme et les tueries de la Police américaine sur les noirs américains qui n'ont rien fait de mal. Et c'est depuis ce mouvement contestateur, qu'il y'a eu un éveil de conscience et les gens ont commencé à faire plus d'attention sur le racisme de l'abus d'autorité de la police, sur les noirs américains.

Donc, si aujourd'hui on parle de ce mouvement de Black Lives Matter, normalement on doit associer les Peuls dan les échanges.

Lorsque le mouvement BLM est devenu populaire dans le sillage des meurtres de Sandra Bland, Trevon Martin, etc. commis par la police aux États-Unis en 2016, de nombreux immigrants africains de première génération ont eu envie d'être sous les projecteurs de l'activisme. Plusieurs immigrants africains de première génération originaires du Ghana, du Mali, du Togo, du Bénin et de la Guinée étaient désireux de diriger le mouvement dans leur zone. Ceux avec qui j'étais en relation leur ont souvent dit que c'était un exercice futile. Souvent, ma position était qu'ils avaient été incapables de freiner ou de mettre fin aux injustices infligées aux minorités dans leur propre pays d'origine. Certains tentaient faiblement de blâmer le gouvernement en place, comme si ces derniers n'étaient pas issus de la même communauté.

J'ai réalisé que la plupart de ceux qui aspiraient à s'impliquer réfléchissaient rarement à leur motivation. Ils préféraient s'engager parce qu'ils étaient visés, mais je pense que le karma jouait. Si, en tant que membre de la majorité, on refuse de faire face à l'injustice infligée à la minorité, on ne peut pas s'opposer à l'injustice sociale sur un quelconque fondement moral. Les Africains devraient apprendre à défendre la sans-défense. Les Africains en Afrique ne se considèrent pas comme des Noirs ; leur conscience de la négritude ne s'extériorise qu'au contact de personnes ayant une pigmentation de peau différente en Amérique, en Europe, en Asie et dans d'autres pays. Sur le continent africain, les Africains se considèrent comme des groupes linguistiques et des tribus.

En Amérique, par exemple, les Caucasiens s'identifient comme Irlandais-Américains, Allemands-Américains et ainsi de suite. Ils se considèrent d'abord comme des Américains, indépendamment de cette identification distincte et d'autres dénominations. Je ne plaide pas contre l'identification à sa tribu ; je m'oppose plutôt à la promotion de la haine et à la remise en question de la loyauté.

De nombreux Africains qui vivent, travaillent et étudient dans des pays occidentaux sont régulièrement confrontés à des problèmes d'identité. Tant que l'Afrique n'aura pas résolu le problème du racisme (qui consiste souvent à inciter à la haine raciale fondamentalement à des fins politiques) en Afrique, le continent continuera à être confronté aux défis de l'identité, de l'acceptabilité culturelle et de la pleine intégration dans presque tous les pays occidentaux. Les Africains devraient considérer leur continent comme le leur. Aucune tribu ne doit être considérée comme étrangère sur le continent. La dichotomie entre indigènes et étrangers devrait être totalement éradiquée.

Chapitre III

A la Découverte de l'Origine des Foulbhé

J'ai grandi à Bo Town, en Sierra Leone, et j'ai été régulièrement confronté aux défis de l'identité et de l'accent. En tant que Poullô, notre apparence, notre nom de famille et notre accent nous distinguent. Au premier coup d'œil, les autres personnes reconnaissent les Foulbhé parce que nous sommes identifiables par l'apparence. Lorsque l'apparence semble indiscernable, l'accent trahit un Poullô. Si ce n'est ni l'un ni l'autre, alors le nom de famille nous trahit définitivement. Seuls ceux qui ont changé de nom de famille se fondent dans la communauté, au sens large et semblent échapper aux railleries.

D'une certaine manière, il importait peu d'être né en Sierra Leone, car tant que vous portiez le nom de famille synonyme de Poullô, vous étiez considéré comme un "étranger". Mon origine était la cible de plaisanteries à l'école. À plusieurs reprises, on se moquait de moi et on me rappelait que mes ancêtres étaient des étrangers venus de Labé, du Fuuta Jaloo, de la Guinée. Certains de mes collègues décrivaient mon peuple comme avide, avare et antipatriotique. D'autres mettent en doute la loyauté de ma tribu envers la Sierra Leone. Lorsque j'étais lycéen, je portais les cicatrices de l'insécurité en pensant que la société me considérerait toujours comme un étranger, quels que soient mes efforts pour faire mes preuves.

Le mot "étranger", utilisé pour décrire ma tribu, me blessait souvent si profondément que je m'abstenais parfois de jouer avec certains camarades (les provocateurs). En de telles occasions, je m'isolais toujours plutôt que d'endurer leurs moqueries, car s'associer à eux provoquait toujours des moqueries.

En un rien de temps, le sentiment de malheur cedait la place à une accoutumance forcée, car je m'habituais aux moqueries. J'acceptais qu'un

Poullô, en particulier ceux qui portaient des noms de famille importants comme Diallo, Bah, Barry et Sow, venait de Labé, Fuuta Jaloo, en Guinée, et que la plupart d'entre nous n'étaient pas civilisés. Ceux que la société percevait comme "civilisés" parmi nous étaient appelés "Fullah britanniques". À l'époque, j'entendais par civilisation la façon dont on s'habille ou la maîtrise de l'anglais. Ce que je ne savais pas, c'est que ma tribu était civilisée comme n'importe quelle autre nation orientale.

En conséquence, je me suis lancé dans une quête. Car, j'avais besoin de connaître l'histoire et les racines de ma famille. A cette fin, je me suis rapproché des anciens de notre communauté appelés *Maoubhé* (les sages) qui n'avaient pas bénéficié d'éducation occidentale, mais étaient très compétents en arabe et versés dans la connaissance de l'Islam. Je leur ai dit que je voulais connaître l'histoire de notre peuple. Non seulement j'avais décidé d'apprendre des *Maoubhé* en Sierra Leone, mais pendant les vacances, je me rendais souvent en Guinée et j'apprenais aussi auprès de ceux qui vivaient sur la terre de mes ancêtres.

J'ai passé la plupart de mes premières années d'enfance dans la ville natale de mes grands-parents en Guinée. Nous avions la tradition de l'heure du conte. Thierno Mariama Barry (surnommée Neneh Bantan ou Kokkoh), ma grand-mère maternelle, était une conteuse douée qui avait une mémoire d'éléphant. Je rendais toujours visite à Neneh Bantan pendant les vacances, afin d'entendre des histoires sur mes ancêtres. Je l'aidais à cultiver et à élever du bétail et, en retour, j'écoutais ses histoires dramatiques, pleines d'horreur, d'histoire et d'amour, d'héroïsme, à l'heure du coucher.

La narration orale était très répandue parmi mon peuple au Fuuta Jaloo, qui constitue une des techniques les plus efficaces pour préserver l'histoire. Nous avons recouru à cette méthode de préservation, puisque la plupart des gens ne savaient pas lire dans les langues caucasiennes. Par conséquent, de nombreuses histoires et légendes africaines étaient considérées comme des contes pour enfants.

Pour préserver les traditions authentiques, j'ai commencé à écrire les récits oraux et l'histoire de ma famille et de ma tribu. Ma mère me disait toujours que quelque chose de maladroitement écrit est mieux que mémorisé. Chaque fois que ma grand-mère nous racontait des histoires à l'heure du conte, je les gardais en mémoire et je retenais les intrigues. Plus tard, j'ai écrit les actions et les rebondissements pour les rendre plus frais et les retenir. Pendant que je passais à écouter et à écrire sur mes ancêtres, je réalisai qu'en tant que Foulbhé, nous avions une culture dynamique et que nos ancêtres avaient un mode de vie réputé. Nous avions déjà atteint le sommet du développement social et culturel, caractéristique d'une nation et d'un peuple civilisés.

J'ai appris qu'avant que les Arabes et les Caucasiens ne vinrent en Afrique avec l'Islam et le Christianisme, respectivement, nous avions une religion. J'appris également qu'avec l'avènement du colonialisme, il devenait difficile de raconter notre histoire en raison de la barrière linguistique. Certains de nos ancêtres qui écrirent les histoires préhistoriques et post-coloniales le firent dans la langue indigène, en utilisant les scripts arabes, *Ajami,* et furent influencés principalement par l'Islam. Ils écrivaient pour leur peuple, leur tribu. C'était un public monolithique. Malheureusement, le colonialisme relégua ces manuscrits aux oubliettes, en introduisant le français (en Guinée) et l'anglais (en Sierra Leone) comme langues d'échange, de commerce et d'éducation. Ce livre a été écrit dans le but d'élargir le public cible.

Aujourd'hui, on apprend aux cultures africaines à apprécier les bienfaits du colonialisme pour les avoir inclus dans les livres d'histoire. S'il est vrai que la plupart des nations africaines n'ont pas commencé à documenter leurs récits historiques par écrit, les récits oraux par l'intermédiaire des courtisans du palais et des griots ont toujours été utilisés pour transmettre des informations d'une génération à l'autre au sein des communautés du continent. La technique de la narration orale est donc courante et n'est pas propre à ma seule tribu.

D'où viennentt les Foulbhé ? C'est une question qui est posée à chaque fois que l'occasion se présente. En effectuant des recherches sur les origines d'une tribu, il est impératif d'examiner la place de cette tribu dans l'histoire contemporaine et ses contributions aux développements sociétaux. Dans cette optique, j'ai examiné les travaux des premiers historiens Foulbhé, notamment Amadou Hampâté Bâ, qui a observé l'art rupestre du Tassili n'Ajjer (Plateau des fleuves) situé dans l'actuelle Algérie. Il y trouve l'un des plus importants ensembles d'art rupestre préhistorique et y découvre les premières traces de l'existence des Foulbhé préhistoriques. L'examen des peintures rupestres a suggéré la présence et les activités des Foulbhé dans la région saharienne (Égypte, Libye, Tchad et Mauritanie) au moins au IVe siècle avant JC.

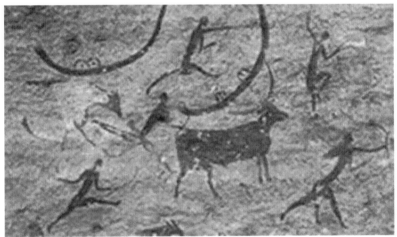

La peinture rupestre du Tassili-N'Ajjer en Algérie représentant
Les activités des Foulbhé

Bâ, le premier érudit Poullô à avoir étudié la peinture rupestre, a reconnu des rituels menés dans le passé selon des pratiques antérieures. Il a interprété la surface de l'image comme représentant un champ rituel où les Foulbhé préhistoriques accomplissaient des rites cérémoniels pour les dieux animistes de l'époque. Dans la peinture, les demi-cercles, les vaches, les figures masculines et féminines dénotaient des aspects spécifiques des traditions. Les symboles du cercle et du demi-cercle représentaient le soleil. Les têtes des vaches de différentes tailles représentaient les différentes phases de la lune.

Sur le site de Tin Tazarift, Bâ a reconnu une scène de la cérémonie du lottori (célébration de l'origine aquatique du bœuf).

À Tin Felki, il a également vu un bijou hexagonal en cornaline et un charme de fertilité encore considéré comme puissant et utilisé aujourd'hui par les femmes Foulbhé.

Les spécialistes Foulbhé contemporains qui étudient la culture rituelle pensent que certaines sectes pratiquent encore certains des rituels décrits dans les peintures de la tribu. Bien qu'aucune date exacte n'ait été établie pour les peintures, elles sont, sans aucun doute, bien antérieures à l'époque historique où les Foulbhé ont été remarqués pour la première fois en Afrique de l'Ouest, aux alentours du 6e siècle avant Jésus-Christ.

Il existe d'autres indicateurs d'origine : le folklore indigène. Nos contes folkloriques indigènes ont révélé que les Foulbhé sont originaires de l'Est (Moyen-Orient). Dans les légendes, ils désignent l'endroit comme "Banushist". Géographiquement, le Banushist est l'actuelle région du Baloutchistan en Asie, comprenant des parties de l'Inde, du Pakistan, de l'Irak et de l'Iran. Les récits des Foulbhé sur leur origine dans la région de Banushist ont été validés par les égyptologues (ceux qui ont étudié l'Égypte ancienne sur des périodes allant d'environ 7 000 avant J.-C. au début du Moyen Âge).

Nos folklores décrivent que nos ancêtres voyagèrent depuis Banushist (un endroit à l'Est) jusqu'en Egypte à l'époque médiévale. Les égyptologues ont également rapporté qu'au cours de l'histoire médiévale, un groupe de personnes voyagea de la région orientale vers l'Égypte.

Chapitre IV

Empires des Foulbhé

Les récits des égyptologues sur les Hyksos ont une corrélation directe avec la version des Foulbhé avant leur défaite. Alors que la chronique des égyptologues indique que tous les Hyksos accompagnèrent Moïse et les Juifs lors du grand exode, la version des Foulbhé indique qu'ils montèrent au mont Sinaï avec Moïse et les Juifs lors de l'exode. Cette dernière indique que deux événements eurent lieu lorsque les Juifs et les Foulbhé atteignirent le mont Sinaï et qu'ils se furent séparés.

Ces deux événements comprenaient l'adoration du veau d'or en l'absence de Moïse et la malédiction qu'elle engendra, en conséquence. En raison de cette pratique idolâtre, la malédiction était que tous les Juifs et les Foulbhé impliqués dans la profanation ne verraient pas la terre promise. Au terme de celle-ci, les Foulbhé décidèrent de se séparer des Juifs et retournèrent sur le continent africain, leur ancienne demeure. Les explications des égyptologues et des Foulbhé, sur lesquelles est centré ce livre, sont unanimes sur la jonction Hyksos/Foulbhé de Moïse et des Juifs en route vers la terre promise.

Du Mont Sinaï, certains Foulbhé se dirigeaient vers la Libye et l'Algérie, et d'autres vers le Soudan. Finalement, la plupart des Foulbhé qui quittaient les Juifs finirent par s'installer au Tibesti, dans l'actuel Tchad. Ils y restèrent pendant près de quatre siècles (400 à 500 ans) et se convertirent au christianisme sur place.

En tant que migrants, ils parcouraient continuellement les terres à la recherche de pâturages et consolidaient leurs compétences en matière de commerce. Après 500 ans, ils quittèrent le Tibesti et s'installèrent à Tagan (une région lacustre dans l'actuelle Mauritanie) vers le 5e siècle. La capitale de Tagan s'appelait Tishit (Tichit), un lieu connu pour son sel de terre appelé amersal. Le sel d'amersal se forme lorsque le soleil ardent chauffe le lit sec du lac après les pluies et attire le liquide à la surface où il est cuit en une épaisse couche de sel mélangé à du sable. Les Foulbhé étaient attirés par Tagan en raison de son potentiel pour le commerce du sel et de sa teneur en minéraux pour l'alimentation du bétail. Les narrateurs oraux pensent que c'est à Tichit qu'un nombre important de Foulbhé acceptèrent l'Islam et suivirent une éducation islamique.

Au IXe siècle, les Foulbhé de Tichit fondèrent leur premier empire subsaharien appelé *Fuuta Tindi* dans la région de Tagan en Mauritanie. Cependant, ce royaume fut de courte durée. Même dans les récits Foulbhé, cet empire n'est que très peu mentionné, ce qui indique qu'il n'a pas eu beaucoup d'impact. Les habitants de Fuuta Tindi se divisèrent en croyants judaïques, chrétiens et musulmans.

Au 11e siècle, les Foulbhé réussirent à prendre pied et à s'emparer de vastes étendues de terres au Maroc et en Mauritanie et créèrent le royaume de Tékroure (*Lâmu Tekourou*). Ce royaume prospéra grâce au commerce de l'or. Dans les années 1040, les propagateurs de l'Islam gagnèrent une place forte dans la région. Entre le début et la fin des années 1040, les Almoravides (musulmans berbères) du sud du Maroc et de la Mauritanie conquirent Lâmu Tekourou et imposèrent, par voie de conséquence, la loi islamique à tous les résidents. Au cours des années 1050, les Foulbhé de Tékroure étaient divisés entre musulmans et non-musulmans. Les Foulbhé non-musulmans se sentaient mal accueillis et indésirables dans le nouveau royaume islamique de Tékroure sous la domination des Almoravides. Ils migrèrent et s'installèrent à l'ouest, vers la Guinée intérieure, et furent appelés *Poulli*. Certains Foulbhé musulmans suivirent les Almoravides et partirent en expédition de conquête.

En 1203, les Foulbhé musulmans, en expédition de conquête, prirent Koumbi Saleh, la capitale de l'Empire du Ghana. Cependant, ils ne parvinrent pas à soumettre l'ensemble de l'empire ghanéen. De 1240 à 1250, l'empire du Mali, après la bataille de Kirina, dominait les empires du Ghana, du Tékroure et du Songhai. Cet événement déclencha des mouvements tribaux massifs dans toute la région.

Après la chute de Tékroure, en 1450, certains érudits Foulbhé d'élite (qui s'étaient convertis à l'islam), des marchands et des éleveurs à la recherche de plus de pâturages migrèrent vers le Sénégal oriental.

En 1490, les animistes Foulbhé non-musulmans, Poulli, qui s'étaient rendus en Guinée intérieure, menés par Koli Tenguellah Bah lancèrent une violente attaque contre l'Empire du Mali et sculptèrent une masse terrestre pour former le Royaume *Dîna Yankôbhé* (les religieux) en langue Fulfude, également connu sous le nom de Royaume Dehnianké. Koli Tenguellah devint le premier roi (Sâtigui) du Royaume Dénianké. La première capitale du royaume était Guémé Sanga, un village de la préfecture de Telimele (la Guinée actuelle). Plus tard, la capitale fut déplacée à Anyam-Godo, dans la région sénégalaise du Fuuta Tôrô. Le découpage des terres de l'Empire du Mali fut conçu à Anyam-Godo. Ce royaume accepta l'islam mais tomba plus tard, en 1776, aux mains des Foulbhé Tôrôbhé pour former un autre nouveau califat islamique.

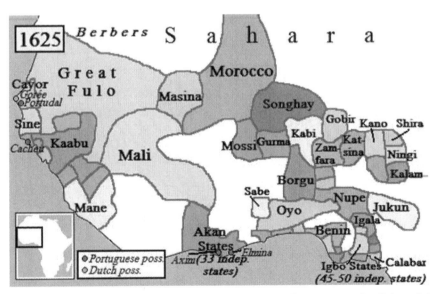

Les royaumes d'Afrique de l'Ouest de 1625 tels que le royaume des Dénianké (Dîna Yankôbhé) de Koli Tenguellah appelé "Grand Fulo"

En 1650, une vague de migrants Foulbhé, composée d'érudits, de marchands et d'éleveurs, pénétra le sud du Sénégal et les hauts plateaux de l'actuel Guinée-Conakry depuis le Sénégal oriental. En 1670, les Foulbhé, qui s'étaient auparavant déplacés au Sénégal, cherchèrent un endroit pour pratiquer librement leur culte et continuer à apprendre, à cultiver, à commercer et à élever du bétail. En 1673, ils prirent le contrôle de **Bhoundou** et firent de la région un centre d'enseignement islamique. La même année (1673), les Foulbhé de Bhoundou lancèrent un djihad infructueux, en vue de renverser la monarchie Dîna Yankôbhé.

En 1725, les Foulbhé musulmans, descendants d'Alpha Kikala, qui avaient auparavant migré vers les hauts plateaux de Guinée-Conakry, lancèrent leur premier djihad réussi. Le chef de l'armée fut Karamoko Alpha Ibrahîma Sambegou Barry de Timbo, connu sous le nom de Karamoko Alpha Mo Timbo. Ses forces l'emportèrent sur les non-musulmans Dialounké et Poulli (anciens Foulbhé non-musulmans qui avaient quitté Tékroure) lors de la bataille de Talansan. Après leur victoire à Talansan, ils nommèrent leur nouveau royaume **Fuuta Jaloo**. Une fois que le Fuuta Jaloo fut fondé, le révérend Alpha Ibrahîma Sambegou fut élu à la tête du royaume, au terme d'un impressionnant processus démocratique.

En 1730, les Foulbhé de Bhoundou lancèrent un second djihad dirigé par Soulaiman Bah. Ils réussirent à mettre fin au règne des souverains Sâtigui du royaume de DînaYankôbhé, pour fonder le **Fuuta Tôrô**.

De 1804 à 1809, un autre djihad islamique commença dans le royaume haoussa (Haussaland) et fut dirigé par un Poullô, Ousman Dan Fodio. Mouhammad Bello, fils d'Ousman Dan Fodio, dirigea la cavalerie Foulbhé qui attaqua l'empire du Bornu. Les soldats de l'empire du Bornu purent repousser l'attaque des Foulbhé; mais ils furent incapables de se remettre des dégâts causés. Cela précipita le déclin de l'empire du Bornu. Après l'attaque, les états Hausa furent attaqués et les Foulbhé les vainquirent. Cette défaite conduisit à la naissance du **califat de Sokoto**, qui comprenait le nord de l'actuel Nigeria, le nord du Bénin, le sud du Niger et le nord du Cameroun.

En 1820, les Foulbhé du Soudan (l'actuel Mali), sous la direction d'Ahmadou Sékou, conquirent Toumbouctou et fondèrent l'empire du *Fuuta Mâsina* (l'actuel Mali). La capitale de cet empire fut Hamdallahi, dans ce qui est aujourd'hui la région de Mopti au Mali.

En 1862, Oumar Tall lança une attaque contre l'empire Mâsina. Après une série de batailles, il réussit à soumettre l'empire, à capturer le dernier Almâmy régnant, Ahmadou Segou III, et à établi *l'empire Toucouleur*. L'empire Toucouleur d'Oumar Tall fut le dernier empire Halpoular établi en Afrique de l'Ouest.

Après la chute du Fuuta Mâsina, les Foulbhé du royaume déchu se subdivisèrent en deux groupes : les Foulbhé Toucouleurs et les Mâsinanké. Un petit groupe de Foulbhé Mâsina se déplaça plus au sud, pour s'installer définitivement dans la région de Wâssoulou, dans l'actuelle Guinée. Cette région devint l'empire Wâssoulou de Samory Touré. Les Foulbhé indigènes de cette région sont appelés Foulbhé Wâssoulon.

De par ce mode de peuplement, il est clair que les Foulbhé étaient prêts à s'installer dans la région subsaharienne de l'Afrique de l'Ouest. Malheureusement, de nombreuses communautés d'Afrique occidentale considèrent encore les Foulbhé comme des introvertis et des étrangers. L'histoire et le schéma de migration des Foulbhé montrent que la tribu s'est continuellement relevée de ses tribulations.

Chapitre V

Culture et Code de Conduite

Aujourd'hui, les Foulbhé se sont positionnés favorablement dans les sphères économiques et politiques, tout en conservant un héritage culturel unique comme source de leurs réalisations. Cela aurait pu être très difficile, voire impossible, sans la combinaison de certaines valeurs fondamentales : le travail acharné, la détermination, la persistance, le dévouement et la capacité à prendre ou à accepter des décisions difficiles dans le cadre d'une étiquette morale, ainsi qu'un désir inébranlable de réussir.

Pourquoi un code moral solide est-il essentiel à la réussite ? Le code moral améliore le comportement humain. L'amélioration du comportement humain conduit à la prospérité. Le respect de ce code de conduite est avant tout le catalyseur de la réussite à différents niveaux ; car il reste le vecteur d'un développement socio-économique durable en Afrique subsaharienne, comme dans les autres nations prospères.

Ceux qui ont une opinion erronée sur nous n'ont pas pris le temps d'observer que les Foulbhé sont un peuple qui accorde une grande importance aux frontières culturelles, à la liberté religieuse et à l'identité. La culture foulbhé est centrée sur l'identité du groupe, l'individu s'intégrant dans une structure d'autorité préexistante. Défier cette autorité entraîne souvent l'aliénation et l'ostracisation du déviant au sein de la communauté Foulbhé

Pour savoir si une communauté est en mesure de devenir prospère, il faut découvrir les histoires qu'elle raconte, les mythes auxquels elle croit, les héros qu'elle admire et les métaphores qu'elle utilise. La réussite est liée au mode de vie d'une personne.

Au cœur du mode de vie des Foulbhé se trouve un code appelé *Lâwol*

Poulâkou, qui signifie "le chemin des Foulbhé". Il consiste en la patience, la maîtrise de soi, la discipline, la prudence, la modestie, le respect des autres (y compris des ennemis), la sagesse, la prévoyance, la responsabilité personnelle, l'amabilité, le courage et le travail. Tous ces attributs peuvent être regroupés en quatre doctrines fondamentales : *Mounyal* (patience), *Yondinal* (maîtrise de soi), *Hakkillé* (sagesse) et *Tinnâdé* (rapidité). Chaque génération transmet ces doctrines comme des valeurs sublimes, permettant aux bénéficiaires de maintenir leur identité au-delà des frontières et des changements de mode de vie. Les Foulbhé ont adhéré à cette conviction.

Les quatre composantes du code moral se déroulent comme suit pour le Poullô: **Mounyal** est la tendance à faire preuve de force et de courage dans l'adversité. En tant que croyants, les Foulbhé ont un esprit ouvert et sont prêts à accepter les changements préétablis dans la vie. On le traduit souvent par "patience". **Yondinal** est décrit comme l'acceptation des événements de la vie par la foi. Il enseigne la retenue et la maîtrise de soi dans les interactions sociales quotidiennes et la façon de faire face à l'adversité. On attend d'un Poullô qu'il sache les contraintes sociales en matière de comportement et qu'il ne les transgresse pas, en particulier en présence d'autres personnes. Un Poullô est en contrôle total de ses émotions et de ses impulsions à tout moment. **Hakkillé** fait référence à l'intelligence, à la sagesse, à la prévoyance et au bon sens, tout comme il exprime un mélange de prudence et de sagacité dans la gestion de ses moyens de subsistance et dans les rencontres. Il permet de traiter les personnes, les problèmes et les circonstances en conséquence. **Tinnâdé** est la promptitude et apprend à saisir l'opportunité sans délai. Il inculque aux indolents la peur et les conséquences de l'échec ou de l'abandon des tâches.

Les Foulbhé pensent qu'il est essentiel de se comporter de manière honorable, honnête et franche pour réussir, car une réputation de fair-play et d'intégrité n'a pas de prix. Pour mieux comprendre ce code moral, ils ont établi un système de répartition des richesses : Un riche Poullô possédant un capital - qu'il s'agisse d'argent, de bétail, de produits agricoles ou d'autres marchandises - offrira un prêt à un Poullô moins privilégié pour commencer sa vie sans aucune condition de remboursement. À l'échéance du prêt, le bénéficiaire, qui a pris un bon départ, rend le capital prêté. Cette pratique a été maintenant réduite au niveau de la famille immédiate ou élargie. Cependant, elle est mise en œuvre depuis l'époque médiévale jusqu'à nos jours. Au niveau tribal, la pratique s'est estompée ; car, tous les Foulbhé n'ont pas assimilé le code de conduite.

Avant même l'avènement de l'Islam et la condamnation de l'intérêt sur les prêts, les Foulbhé appliquaient pendant longtemps cette formule. Cette tradition doit être maintenue. Aujourd'hui, les Foulbhé sont considérés comme la tribu la plus riche d'Afrique sub-saharienne et leur richesse repose sur ces pratiques internes. Actuellement, ils travaillent avec d'autres communautés dans ce schéma de distribution des richesses. De nos jours, les riches commerçants Foulbhé accordent des prêts sans intérêt à de nombreuses entreprises, en vue de stimuler l'esprit d'entreprise des personnes de divers horizons.

Nomades, gardant des troupeaux de vaches, de chèvres et de moutons, les Foulbhé restent le seul grand groupe migratoire d'Afrique de l'Ouest. En raison des tendances migratoires passées et actuelles (mais pas comme avant), ils peuvent être localisés dans tous les pays d'Afrique de l'Ouest.

Un Soudou Hudho typique dans le secteur de Koobolonia, dans la sous-préfecture de Dogomet, préfecture de Dabola

L'exposition à différentes conditions climatiques a conduit au développement d'une architecture de logement unique. Les Foulbhé sont célèbres pour avoir vécu dans des maisons à dôme en toit de chaume appelées *Soudou houdhô* (au singulier) avant d'adopter la construction moderne de maisons en briques d'argile. Avant l'avènement du béton, ces maisons étaient faites de boue ; les murs intérieurs et extérieurs sont décorés et peints avec une émulsion à base d'eau, utilisant des argiles. Les sols sont pavés de bouses de vache. La peinture est peut-être faite d'argile, mais les décorations finies sont belles à voir. Le fumier et l'argile sont des matériaux propres et sûrs que les Foulbhé utilisent depuis la nuit des temps.

Une enceinte villageoise typique comprenant de nombreux Choudhi Houdhô (pluriel) dans la préfecture de Dalaba

La bouse a certaines caractéristiques uniques : elle rafraîchit la maison en absorbant la chaleur pendant la saison sèche. Au début de chaque saison des pluies, une nouvelle couche de fumier de vache est réutilisée pour le pavage.

Celle-ci émet de la chaleur et maintient la pièce relativement chaude pendant plusieurs jours. Il s'agit d'un processus typique de transfert de chaleur qui encourage les économies d'énergie. Une maison typique au toit de chaume où j'ai grandi à Dogomet, en Guinée, consistait en une grande pièce unique divisée en deux compartiments. Le premier compartiment sert de chambre à coucher et le deuxième compartiment (dhaggal) sert au stockage des céréales et au séchage de divers aliments.

La nourriture fait partie de notre culture. L'alimentation et la nutrition sont importantes pour les Foulbhé ; ce qui se traduit par le dicton "si tu veux mieux connaître un homme, comprends ce qu'il aime". Le lait de vache, terme général désignant le lait frais (*bhiradhan*) et le yaourt (*fendidhan*), est au cœur de notre alimentation. Une fois que le lait de vache (*Kossan*) est fermenté, il forme la graisse du lait (*kettougol*). De cette graisse de lait, nous extrayons l'huile de vache (*nebban na'i*) pour la cuisson légère. Nous la consommons avec notre plat traditionnel le plus populaire, le *latchiri ;* un aliment à base de couscous ou de farine de céréales comme le mill, le sorgho ou le maïs.

Ma grand-mère maternelle trayait souvent les vaches. J'assistais à la traite et au processus de fermentation. Le processus de traite des vaches était très instructif. Elle me faisait chercher et apporter de petites branches d'arbre avec des feuilles vertes, chaque fois que nous arrivions à l'enclos du bétail (*wourô*). Elle s'agenouillait ensuite à côté de la vache femelle pour la traire. Pendant le processus de traite, seule la queue de la vache est autorisée à bouger. Ma tâche pendant ce processus consistait à garder la vache calme et à chasser les mouches, en vue de minimiser ses mouvements autant que possible. Le lait est stocké dans une calebasse (*hordé*) et recouvert d'une belle couverture tricotée (*bédhô*). Ma grand-mère savait comment faire ces couvertures et calebasses magnifiquement bien tricotées. Elle était également douée pour la préparation des aliments. En fait, elle avait des mains douées. Elle divisait souvent le lait en deux portions : une pour la maison et l'autre pour la vente. Elle demandait souvent à certaines de mes tantes de vendre les produits (*latchiri, kossan et nebban na'i*) au marché bihebdomadaire de Dogomet.

Quelques-uns des autres repas étaient composés de grains de riz (*nyîri*), de bouillie de maïs (*ndappa Kâba*), de grains de fonio (*nyîri fonnhé*) et d'aliments à base de sorgho (*nyîri-nbahé*).

Essentiellement, les Foulbhé sont des êtres modérés qui mangent ce qu'ils produisent, à travers la pratique de l'agriculture et de l'élevage.

Voici quelques photos montrant la beauté de nos femmes et la façon traditionnelle de tresser leurs cheveux.

Chapitre VI

Théories sur l'Origine des Foulbhé

Plusieurs théories contradictoires ont été avancées sur l'origine des Foulbhé. Ces théories incompatibles ont conduit de nombreuses personnes à penser que l'héritage des Foulbhé est introuvable. Les opinions disponibles sur leur origine sont principalement post-islamiques.

Vous trouverez ci-dessous quelques-unes des théories sur les origines des Foulbhé, assorties de mon avis sur les avantages et les inconvénients de chacune de celles-ci.

* * LA THÉORIE BERBÈRE * *

La théorie berbère propose que l'histoire des Foulbhé commença avec les Berbères d'Afrique du Nord, principalement du Maroc et d'Algérie, du 8ème au 11ème siècle. Elle affirme également que "lorsque les Berbères migrèrent vers le bas de l'Afrique du Nord et se mixèrent aux tribus noires d'Afrique de l'Ouest, notre tribu vit le jour". Elle note que "de 900 à 1900, nos ancêtres se répandirent dans la majeure partie de l'Afrique de l'Ouest (voire dans certaines régions d'Afrique centrale) et créèrent l'empire Tékroure. À partir de Tékroure, ils s'élargirent dans tous les autres pays d'Afrique de l'Ouest. En tant que nomades, ils établirent des États mixtes où ils furent parfois le groupe dominant. Au cours de leur migration, ils entrèrent en contact avec différentes tribus africaines et conquirent les moins puissantes d'entre elles. En cours de route, de nombreux Foulbhé abandonnèrent complètement ou partiellement leur vie nomade traditionnelle, pour préférer l'existence sédentaire en ville ou dans des fermes au sein des peuples conquis. Les nomades continuèrent à migrer à la recherche des meilleurs pâturages pour leur bétail".

Les récits historiques montrent que les Foulbhé formèrent l'empire Tékroure au 11ème siècle. Pour interroger cette théorie, on pourrait se demander comment il est possible qu'un groupe ethnique entier, avec une langue unique (écrite et orale) et une riche tradition culturelle, ait évolué en l'espace de deux siècles (8e - 11e) ? À mon avis, cela ne semble pas plausible. Par conséquent, il est inconceivable que les Foulbhé aient pu être originaires des Berbères. Même s'ils ne sont pas nés des Berbères, ils établirent des relations par le biais de mariages et de pratiques religieuses islamiques.

** LA THÉORIE INDIENNE ET ÉTHIOPIENNE **

La théorie indienne et éthiopienne affirme que les Foulbhé sont originaires d'Inde et d'Éthiopie. Elle affirme qu'ils voyagèrent en Afrique de l'Ouest à la recherche des meilleurs pâturages pour leur bétail. Au cours de leurs voyages, les moins nomades s'installèrent dans des villes commerciales. Avec l'apparition de l'Islam en Afrique du Nord en 700, beaucoup embrassèrent la religion et vécurent en harmonie avec les autres tribus.

Tout comme la théorie précédente, celle-ci ne dispose pas non plus de preuves convaincantes pour des raisons évidentes. Comme indiqué précédemment, le calendrier ne permet pas à un groupe ethnique d'exister et de conquérir, voire former des empires seulement 50 ans plus tard. Celle-ci ne fait que réitérer la théorie berbère.

** LA THÉORIE ARABE **

Il existe deux versions de la théorie arabe.

Dans la première version, une légende raconte l'histoire du mariage entre un arabe musulman et une femme négro-africaine. Ils furent bénis par Dieu à travers des enfants. Un jour, l'un des nourrissons fut laissé aux soins d'un frère aîné pendant que leur mère allait chercher de l'eau. Le bébé qui pleurait fut consolé par le frère dans une langue incompréhensible (non pas à travers des babillages) que la mère entendit à son retour. Elle courut alors le dire au père, qui considéra cette nouvelle comme un signe, prédit par le Saint Prophète de l'Islam, Mouhammad, Sallallahu Allaihi Wassallam (SAW), que l'enfant serait le fondateur d'un nouveau peuple qui ne parlerait pas arabe, mais qui serait le propagateur de l'Islam. L'histoire raconte également que ses frères apprirent ensuite de lui la nouvelle langue (le pulaar). Collectivement, ils formaient un groupe ethnique, non arabe et non africain. Selon ceux qui ont raconté cette version, cet enfant serait devenu le géniteur des ancêtres des Foulbhé.

La deuxième version décrit les Foulbhé comme les descendants d'un Arabe musulman. Cet Arabe musulman en question faisait partie d'une délégation envoyée à l'ouest de Misra (l'actuelle Égypte) par le deuxième khalife (successeur) de l'Islam, Oumar Ibn Al-Khattab, pour une mission de prédication (da'wa). Le nom du chef de la délégation était Amr ibn Al-As. Amr était un général très astucieux et efficace jouissant de l'estime des souverains de la Mecque, qui l'envoyaient toujours dans des endroits où les gens s'opposaient férocement à l'Islam. Il fut envoyé auprès du roi Negus en Éthiopie à l'époque du saint prophète Mouhammad (SAW), en vue de négocier le rapatriement des premiers réfugiés musulmans, qui avaient fui les persécutions de La Mecque. Une autre de ses missions fut menée avec le cousin du prophète, al-Zubayr, lorsqu'ils brisèrent la résistance du gouverneur byzantin d'Égypte et, en 661, jetèrent les bases d'une nouvelle Égypte musulmane.

On dit qu'après l'Égypte, Amr conduisit la caravane arabe jusqu'à l'actuel nord du Mali. Sa mission fut couronnée de succès et, heureusement, les habitants du Mali et des régions environnantes acceptèrent l'islam en nombre incroyable. Une fois sa tâche accomplie, et avant de retourner à la Mecque, le peuple malien nouvellement islamisé demanda que quelqu'un reste avec lui, en vue de l'aider à perfectionner la religion et à enseigner le Saint Coran. Amr mandata alors Uqbata Ibn Nassir, un cousin éloigné et compagnon du Saint Prophète Mouhammad (SAW), pour diriger le contingent arabe resté en arrière. Pendant leur séjour, les Arabes se marièrent avec les populations locales et Uqbata, qui était à la tête du contingent, épousa également la fille d'un chef local. Cette femme donna naissance à quatre fils appelés Aribou, Wané, Bodhewal et Dâtu.

Dans le Fuuta Jaloo, il est dit qu' Aribou, le premier né, est devenu l'ancêtre des **Ouroubhé** (au pluriel). Il s'agit de tous ceux dont le nom de famille comprend Bah, Baldé et Diakité. Wané, le deuxième enfant, est devenu l'ancêtre des **Férôbhé** (pluriel) ou **Pérédjo** (singulier), prenant les noms de famille Sow/Shour et Sidibé. Bodhewal devint l'ancêtre des **Diallôbhé** (pluriel) et porta le nom de famille de Diallo. Dâtu, le dernier fils, devint l'ancêtre des **Dayèbhé** (pluriel), ceux qui portaient les noms de Barry et Sangaré. Les descendants des autres mariages arabes s'alignèrent avec les enfants de leur chef de groupe (Uqbata Ibn Nassir) pour former les futures dynasties et empires Foulbhé.

Cette légende relate les affinités raciales de la tribu Foulbhé avec les Arabes. Des émissaires islamiques furent dépêchés en Afrique vers le 6e ou le 7e siècle, à l'effet de prêcher l'islam et convertir certaines tribus africaines par le deuxième khalife de l'islam. Il a également été historiquement affirmé que certains émissaires épousèrent des femmes africaines.

Mon point de vue est que ni Uqbata ibn Nassir ni ses enfants ne peuvent être des ancêtres des Foulbhé. Cependant, la deuxième version de cette théorie pourrait être assez proche pour établir l'origine des quatre maisons Foulbhé actuellement célèbres dans l'axe du Fuuta Jaloo (Ouroubhé, Férôbhé, Diallôbhé et Dayèbhé).

Avant Uqbata ibn Nassir et l'avènement de l'Islam, les Foulbhé existaient depuis longtemps avec une culture élégante et avaient une connaissance étendue de la religion (l'animisme, le judaïsme et plus tard le christianisme). Sur la base de la deuxième version, on peut dire qu'Uqbata a peut-être joué un rôle important dans l'islamisation de la plupart des Foulbhé et a probablement contribué à l'acquisition de nos noms de famille actuels. Cependant, prétendre qu'un groupe ethnique entier est issu de lui est non seulement absurde mais manque de crédibilité.

** *LA THÉORIE SÉMITIQUE* **

Selon la théorie sémitique, les origines des Foulbhé remontent aux Sémites. Ceux qui croient en cette théorie s'en remettent à Jacob (également appelé Israël), fils d'Isaac, fils d'Abraham, comme ancêtre direct. Selon cette théorie, lorsque Jacob quitta Canaan pour se rendre en Égypte, lui, sa famille et la tribu de Juda furent placés sous la protection de Joseph. La tribu de Juda, par des mariages mixtes avec les Égyptiens, produisit la lignée des Foulbhé. Les Israélites et leurs descendants Foulbhé prospérèrent, leur population augmenta ; ils se développèrent et multiplièrent en de nombreux ménages pendant leur séjour en Égypte. Après Joseph, le nouveau Pharaon qui gouverna l'Égypte devint hostile aux non-Égyptiens et les contraignit à l'esclavage.

Au moment de l'émancipation des Juifs, de nombreux non-Égyptiens, dont les Foulbhé, saisirent l'occasion et fuirent l'Égypte. Ils retournèrent en Palestine et en Israël sous la direction de Moïse. Au même moment, les Foulbhé traversèrent le Nil avec leur bétail et se déplacèrent le long des bords du désert du Sahara jusqu'à un endroit appelé Touat-Air (l'actuelle Algérie). Plus tard, ils fondèrent l'empire Tékroure et se déplacèrent ensuite vers les régions intérieures de l'Afrique subsaharienne et d'autres régions d'Afrique.

La théorie sémitique est la source la plus ancienne qui a enregistré l'histoire des Foulbhé avant notre ère (av. J.-C). La langue des Foulbhé a, sans aucun doute, un fond sémitique ; ce qui authentifie la croyance que la tribu est originaire de l'Orient. Des érudits Halpoular de renom (Amadou Hampâté Bâ, Djibril Tamsir Niane et Cheikh Anta Diop) et des narrateurs oraux s'accordent à dire que les activités les plus anciennes et les plus précocement enregistrées des Foulbhé commencèrent dans l'Égypte actuelle, au cours de la période comprise entre 1720 et 1710 avant Jésus-Christ.

Les théories susmentionnées ne fournissent pas de preuves claires et convaincantes que les ancêtres des Foulbhé sont issus des tribus de Judée, des Indiens, des Éthiopiens, des Berbères ou des Arabes. Il est cependant certain que les Foulbhé sont liés à ces différentes tribus par des mariages mixtes.

Les propagateurs des théories arabes et berbères ont puisé des preuves substantielles dans des passages du *Târik*, une histoire du Soudan occidental (l'actuel Mali) écrite principalement au XVIIe siècle par un érudit arabe, Abdoulrahmane ibn Imran ibn Amir As-Sa'id.

Nos narrateurs oraux et les égyptologues (historiens) s'accordent à dire que les Foulbhé de nos jours étaient les Hyksos (autrement connus sous le nom de rois bergers) qui envahirent l'Égypte et établirent la quinzième dynastie d'Égypte (1650-1550 av. J.-C.). Cependant, la désignation tribale des Foulbhé évolua de Hyksos à Felah et à ce qui est connu comme Foulbhé actuellement. Nous sommes une race à part entière.

Chapitre VII

Evènements historiques et Origine des Foulbhé

Les éléments recueillis de ma part au cours de la recherche des origines des Foulbhé m'ont conduit à croire que certains de nos ancêtres qui écrivirent l'histoire l'amputèrent avec l'avènement de l'Islam. Les ancêtres qui embrassèrent l'Islam et devinrent des propagateurs de cette religion eurent peur de s'associer à l'ancienne culture animiste. Leur récit historique associait principalement les Foulbhé aux musulmans arabes.

Je pense que l'Islam n'a pas entaché l'histoire ou la culture d'une tribu, mais qu'il l'a plutôt enrichie. Le meilleur exemple est celui des Arabes eux-mêmes. L'Islam les a fait passer du paganisme à l'Islam. Ils ont presque dominé toutes les régions du monde. Les Foulbhé étaient en effet animistes ; cependant, comme beaucoup d'autres tribus, ils pensaient que Dieu était trop saint pour être approché, et qu'il ne pouvait donc être atteint que par un intermédiaire. Les ancêtres cherchaient Dieu dans de nombreux endroits.

Par le passé, l'humanité cherchait Dieu dans les pierres, l'eau et le bois. D'autres érigeaient des statues pour le vénérer. Certains plaçaient leurs croyances dans la lune, d'autres dans le soleil ainsi que dans les vaches ou les boeufs.

Après avoir embrassé l'islam, nos ancêtres musulmans eurent des appréhensions, à laisser les convertis connaître une grande partie de leur passé. Cette appréhension était tout à fait compréhensible. La région ouest-africaine dès le 16e et 17e siècles regorgeait d'érudits islamiques. Ils ne pouvaient pas se permettre de compromettre leur position dans la société. Cependant, je pense qu'il n'était pas interdit de connaître toute son histoire. Il ne faut pas avoir peur de raconter son histoire et son passé. En fait, la connaissance de son passé rend l'individu plus compétent et plus sûr de lui. En fin de compte, la connaissance de soi donne confiance et affirme l'identité de chacun dans la société.

Selon Edmond D. Morel, un éminent ethnologue qui a écrit sur l'origine des Foulbhé en 1902, il a déclaré que "De tous les mystères qui sont cachés, ou à moitié dévoilés, au sein du continent africain encore mystérieux, il n'y en a aucun qui présente un intérêt plus fascinant que l'origine de la race qui a infusé son individualité dans toute l'Afrique occidentale continentale, et dont l'influence fertilisante est visible depuis les rives du fleuve Sénégal jusqu'au Tchad".

Dans son édition en 5 volumes, le Dr Barth décrit les Foulbhé comme "la plus intéressante de toutes les tribus africaines : Une race distincte".

Dans son rapport aux autorités Britanniques en Sierra Leone, le Dr Edward Wilmot Blyden, qui a visité Timbo dans les années 1870, a déclaré avoir été très impressionné par ce qu'il avait vu. À propos des Foulbhé, il a remarqué que "Il est évident que, bien qu'il y ait une grande infusion de sang étranger parmi le peuple, il y a encore l'influence d'une race puissante qui a complètement assimilé les éléments étrangers ; et cela peut être jugé par la forte fierté de l'ascendance qu'ils possèdent, leur respect pour le passé et leur souci de la postérité".

Tout comme le Dr Blyden et d'autres, Jean-Marie Bayol, un médecin militaire français, plus connu sous le nom de Dr Bayol au Fuuta Jaloo, a été très impressionné par le spectacle lors de sa visite à Timbo en 1882. Dans son rapport au gouvernement français, il écrit : "En entrant dans une ville peule, la première chose qui frappe l'étranger : ce sont les traits de la caste caucasienne, surtout chez les personnes âgées".

Morel, Barth, Bayol et Blyden se sont tous interrogés sur l'origine de ce peuple qui diffère radicalement par sa couleur, sa forme, ses habitudes, ses coutumes et ses mœurs des Nègres parmi lesquels il s'est établi et qu'il domine dans la vallée du fleuve Sénégal depuis le IVe siècle. Ils ont en outre noté que les histoires traditionnelles des Foulbhé, leur teint et leur structure, leur développement mental et leurs caractéristiques physiques désignent clairement l'Orient comme le berceau de cette race distincte.

En général, il y a du vrai dans le folklore autochtone, bien qu'il soit parfois teinté de fiction. Il existe de nombreux contes et traditions populaires d'origine orientale, mais on ne peut pas attacher beaucoup d'importance à ces dernières ; et pourtant on ne peut pas non plus les ignorer. Je crois que l'anthropologie corroborera les légendes dans cette situation.

Pour prouver que les Foulbhé sont une race distincte, originaire de l'Est, nous examinons les études craniologiques du Dr Verneau, un célèbre anthropologue. Le Dr Verneau examina les crânes de cinq Foulbhé du Fuuta Jaloo entre la fin des années 1890 et le début des années 1900. Deux d'entre eux appartenaient à des personnes éminentes, et les trois autres à des gens ordinaires. Trois des cinq têtes appartenaient à des personnes connues des Français avant leur mort. L'une de ces têtes pourrait être celle d'Almâmy Boubacar Biro, le dernier Imaam traditionnel du Fuuta Jaloo tué après la bataille de Pôredâka. J'ai fait cette hypothèse, car il est de notoriété publique au Fuuta Jaloo qu'après que les fantassins de l'armée française eurent tué Almâmy Boubacar Biro, sa tête fut séparée de son corps et remise à l'émissaire français à Timbo, le Commandant De Beckmann. Selon des informations invérifiables émanant d'habitants de Timbo, sur instruction du gouverneur général de Dakar, les français auraient emporté la tête en France pour des études anthropologiques. Les autorités françaises nièrent avoir emmené le crâne de celui-ci en France. Elles dirent avoir enterré la tête dans un endroit discret de Timbo où personne ne sait, pas même les soldats Foulbhé qui la coupèrent. Le deuxième crâne appartenait à Alpha Aliou, un des vassaux d'Almâmy Boubacar Biro. Il fut condamné à mort pour une attaque non provoquée contre un convoi français au Fuuta Jaloo, parce qu'il avait tenté de venger la mort de l'Almâmy. Seule la tête d'Alpha Aliou reconnue par les Français fut emmenée en France pour des études craniologiques.

Edmond D. Morel eut le privilège (grâce à un lien personnel avec le Dr Verneau) d'avoir accès aux résultats classifiés des études crâniennes. Selon Edmond, les résultats montrèrent que le crâne d'Alpha Aliou, par ses caractéristiques crâniennes et faciales, appartient au type pentagonal voûté, le même que celui des anciens peuples d'Egypte et de la population actuelle de l'Erythrée. Le résultat de la deuxième tête inconnue, sans doute, avait une certaine quantité de sang nègre dans ses veines, ce qui a entraîné l'épaississement de la charpente osseuse et une accentuation prognathe notable. Néanmoins, les résultats indiquèrent que le propriétaire de la tête n'était pas nègre ; la largeur du front, la proéminence des os du nez, les proportions du nez lui-même et la forme du menton dissociaient tout lien avec le nègre d'Afrique occidentale. Sur la base des attributs physiques décrits oralement dans le Fuuta Jaloo, je pense que le second crâne sans nom pourrait avoir appartenu à Almâmy Boubacar Biro.

Les trois autres crânes sans nom, nonobstant leur race mixte, présentaient deux variétés crâniennes et furent trouvées partout où l'influence du peuple abyssin se fut sentir. Élisée Reclus, un géographe français, a également déclaré que la formation du crâne des Foulbhé avait des affinités avec le type égyptien.

Dans la recherche des liens manquants, en vue de valider les contes populaires locaux d'origine Foulbhé et prouver que nous sommes un peuple indépendant, deux événements historiques ont retenu l'attention. Le premier est l'invasion de la Basse Egypte par les Hyksos; le second est le Periplus du voyage de Hanno à la "découverte" de l'Afrique de l'Ouest.

** L'INVASION DES HYKSOS DE ÉGYPTE **

L'invasion de l'Egypte par les Hyksos, venus de l'Est, est l'une des périodes les plus floues de l'histoire égyptienne. Le professeur Lepsius pense que cette invasion eut lieu pendant la 13e dynastie égyptienne. Selon les historiens Pharaoniques, cette période débuta en 1803 avant J.-C. et se termina en 1649 avant J.-C.. Les historiens ont révélé que l'Égypte (alors sous la dynastie Thébaine) fut envahie par une foule massive et agressive d'Asiatiques, qui apportèrent un grand nombre de bovins. Selon eux, ces personnes étaient des nomades à la recherche de pâturages pour leur bétail, leur seule propriété à l'époque. Leur périple les conduisit à travers Babylone (Irak, Iran) jusqu'en Jordanie, en Israël, en Syrie et en Egypte.

Basse Égypte montrant le Nil, les villes et sites clés

Une fois en Égypte, ils s'installèrent au bord du Nil. Ils n'y vinrent pas en tant que peuple pacifique, car ils se rendirent coupables d'agression.

Les contes populaires locaux rejoignent les historiens du Pharaon sur l'agressivité de l'invasion. Il semblerait que cette tribu pastorale nomade ait subi soit la famine, la rareté des pâturages, la pression d'autres tribus qui les hantaient, soit une expansion raciale spontanée. Au fil du temps, ils étaient devenus des envahisseurs belliqueux. Ils poursuivirent leur route jusqu'à atteindre la vallée fertile du Nil, propice à l'élevage de leurs troupeaux. Leur principale occupation était le pâturage, d'où le nom d'Hyksos. Ils s'engagèrent dans une lutte sanglante et divisèrent l'Égypte en deux : la Basse et la Haute Egypte.

Les Hyksos prirent le contrôle de la Basse-Égypte avec leur capitale à Avaris, et les Pharaons thébains régnèrent sur la Haute-Égypte avec leur capitale à Thèbes. Les premiers dirigèrent la Basse-Égypte pendant un demi-millénaire (environ cinq cents ans). Après environ cinq cents ans d'une Égypte divisée, le Pharaon Ahmose de la maison royale Thébaine organisa un soulèvement réussi, qui conduisit à la fin du règne des Hyksos en Basse-Égypte.

Que devinrent les Hyksos après leur défaite?

Manétho, le célèbre transcripteur égyptien, affirme qu'ils retournèrent en Asie après leur défaite. Il note également qu'ils occupèrent la terre de Judée et fondèrent la ville de Jérusalem. Cependant, de mon point de vue, cette affirmation est très douteuse. Je pense qu'il est légitime de supposer qu'une partie d'entre eux ait pu choisir de rester en arrière pour des raisons évidentes. Ils ont dû se mêler et se marier en grande partie avec les Égyptiens. Des liens familiaux et historiques liaient en effet beaucoup d'entre eux au sol africain. D'autres purent se diriger vers la vaste mais inconnue terre africaine à la recherche de nouveaux pâturages territoriaux pour la subsistance de leurs troupeaux. J'ai fondé ces hypothèses sur leur longue période de séjour. Ils étaient devenus des personnes acceptées sur le continent. De plus, l'histoire ne contient pas un seul exemple d'un peuple qui a quitté le continent africain après s'y être installé. Certains de ces peuples avaient accédé à la notoriété, étaient devenus des dominants et des hommes d'État, en dirigeant ce qui était peut-être le plus grand empire du monde civilisé de l'époque.

Il est incroyable d'imaginer qu'un peuple aussi dominant puisse être conduit dans une direction fixe, comme un troupeau de bétail, comme Manétho voudrait nous le faire croire. Après leur défaite, il est également possible que beaucoup d'entre eux aient été employés par les Thébains victorieux. Ou que bon nombre d'entre eux se soient échappés avec leurs biens de valeur, pour s'installer sur les terres fertiles de la Cyrénaïque (Libye) et, à travers les âges, aient cherché de nouveaux pâturages, jusqu'à ce que les Carthaginois trouvèrent leurs descendants dans les riches vallées du Sénégal et de la Gambie - leur puissante race n'ayant pas été affectée, ils conservèrent la fierté de leurs ancêtres, mais leurs coutumes s'adaptèrent à leur nouvel environnement.

** LE VOYAGE DE HANNO À LA DÉCOUVERTE DE L'AFRIQUE DE L'OUEST **

Vers le 5e ou le 6e siècle avant J.-C., les souverains carthaginois voulaient étendre leur région. Ils envoyèrent une armada de soixante navires contenant diverses provisions alimentaires et trente mille âmes sous les ordres de Hanno, un explorateur digne de ce nom. Les dirigeants de Carthage lui ordonnèrent de passer par le détroit de Gibraltar (les piliers d'Hercule) et de jeter les bases d'une colonie quelque part au-delà de ces piliers.

Comme certains historiens l'ont suggéré, la flotte semble avoir navigué sur la côte ouest de l'Afrique à partir de la route de l'expédition, passant par les actuels Sénégal, Sierra Leone, Guinée et remontant jusqu'au Cameroun. Une fois au Sénégal, Hanno suivit le fleuve Sénégal, aujourd'hui appelé fleuve Gambie, vers l'intérieur des terres, en direction de la Gambie. À son retour, il rédiga un rapport en langue punique appelé Periplus ou circumnavigation. Il dédia le Periplus à Moloch, la divinité carthaginoise de l'époque.

Trois siècles après l'exploit de Hanno, un géographe et historien grec, Ptolemaeus Claudius, publia environ huit volumes de recherches géographiques. Il basa la partie relative à l'Afrique sur le matériel carthaginois, y compris la traduction du Periplus de Hanno.

Le récit de Ptolémée indique qu'en 500 avant J.-C., des navigateurs carthaginois arrivèrent en Afrique occidentale (dans les environs de Stachir, l'actuel Sénégal) - l'existence d'un peuple auquel le qualificatif de "Noir" ne s'applique pas. Leur teinte était plus claire que celle des Nègres. Ptolémée les appela Leucaethiopes.

Qui pourraient être ces Leucaethiopes "à la peau claire"?

Certainement pas des Arabes, et encore moins des Bantous (Nègres). Il est important de noter que les Carthaginois étaient en contact avec les Berbères en Mauritanie, en Numidie et en Cyrénaïque. La plupart des mercenaires carthaginois de l'époque étaient des Berbères. Si les Leucaethiopes avaient été des Berbères, Hanno les aurait décrits comme tels; car, ils étaient des visages familiers pour lui ainsi que les autres Carthaginois. De plus, les Berbères ne furent recensés dans la vallée du Sénégal qu'à partir du 8e siècle. Alors, à quelle race pouvaient appartenir les Leucaethiopes ? A quelle race pouvait s'appliquer la description de Hanno, compte tenu de la période de l'expédition ? Je dis, rien d'autre que les Hyksos (aujourd'hui Foulbhé) qui s'étaient dispersés après leur défaite en Egypte.

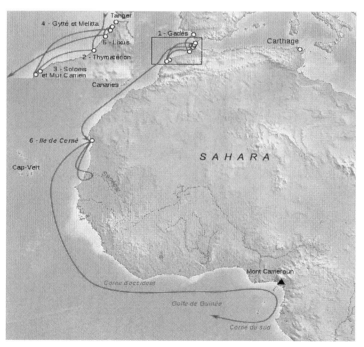

L'éventuel itinéraire d'Hanno vers la côte atlantique de l'Afrique vers le 5e ou le 6e siècle avant J.-C. (Illustré par Bourichon)

Chapitre VIII

Tendances Culturelles et Origines des Foulbhé

En plus de l'invasion des Hyksos et du voyage de Hanno, cette section examine les tendances culturelles des Foulbhé et leur affinité avec le bétail afin de corroborer les contes populaires locaux sur l'origine des Foulbhé et prouver que nous sommes un peuple indépendant. Nos affinités hébraïques et la familiarité particulière avec les légendes hébraïques est une indication que les Foulbhé ont interagi avec les Juifs dans un passé lointain.

** LES TENDANCES HÉBRAÏQUES DANS NOTRE CULTURE **

Lorsque j'étudiais au Japon, j'avais un ami arabe d'Oman, Ibrahim Al-Hadaabi. Un jour, nous avons tenu une conversation portant sur le Coran, sa traduction et certaines des pratiques du prophète Mouhammad (SAW), appelées Sounnah dans l'Islam. La discussion portait sur le partage du savoir islamique. Comme je n'étais pas arabe, il était intéressé à savoir certaines des notions élémentaires à ma connaissance sur l'Islam. Nous avons discuté des circonstances entourant les révélations de certains chapitres et versets du Coran.

J'avais donc décidé de lui raconter l'histoire de la révélation de la sourate Baqarah (la vache) telle que racontée dans le Fuuta Jaloo. Selon ma source, à l'époque du prophète Moïse, il y avait un magnat juif qui possédait beaucoup de bétail, de chevaux et de moutons. Lorsqu'il devint vieux, sa famille proche et étendue souhaita qu'il mourut, afin d'hériter de sa richesse. Voyant que l'homme âgé ne semblait pas près de mourir, ils conspirèrent pour le tuer. Après son meurtre, certains membres de sa famille prirent son cadavre et l'abandonnèrent entre deux villes. Les habitants des deux villes commencèrent à s'accuser mutuellement du meurtre. Les autorités ne parvinrent pas à résoudre l'énigme de ce meurtre.

Après que la solution fut devenue insaisissable, les chefs juifs s'approchèrent de Moïse et dirent : "Ok Moïse, tu as dit que ton seigneur est capable de tout". Moïse répondit : "Oui, Il l'est". Ils dirent : "Des assaillants inconnus ont tué l'un de nos magnats les plus vénérés et les plus riches. Pour l'instant, nous sommes incapables d'identifier les tueurs. Si votre Seigneur peut nous aider à résoudre cette affaire de meurtre, nous croirons en lui sans hésiter". Moïse porta l'affaire devant Dieu. Le Tout-Puissant dit à Moïse de dire aux Juifs de tuer une vache pour aider à résoudre le problème. Mais les Juifs de l'époque étaient un peuple têtu et rusé. Ils commencèrent à demander à Moïse de préciser le type, la couleur et l'attribut de la vache, car toutes leurs vaches se ressemblaient. Puis Dieu spécifia un type particulier (jeune, ne s'étant pas encore reproduite, n'ayant pas été utilisée pour l'élevage, en bonne santé et d'un brun brillant). Ils ne voyaient pas ce type de vache lorsqu'ils regardaient autour d'eux.

Entre-temps, des années avant le meurtre, un rabbin juif avait été informé par Dieu que son temps sur terre était écoulé. Sachant que son temps était compté, il emmena son jeune fils et sa seule vache dans la forêt et implora Dieu. "Dieu", dit-il, "je sais que je suis sur le point de mourir, un destin que j'ai accepté sans hésiter. Cependant, après ma mort, mon fils sera orphelin. Je n'ai rien à lui léguer, sauf cette vache. Je veux que tu t'occupes de la vache jusqu'à ce que mon fils atteigne sa majorité et sache ce qu'il faut faire avec la richesse, alors tu pourras lui donner la vache sous n'importe quelle forme de richesse". "S'il vous plaît Dieu", a-t-il ajouté, "ne laissez aucun de mes proches voir la vache. S'ils le font, ils l'abattront et prétendront qu'ils font une offrande pour moi. Une telle offrande n'est pas pour moi, elle n'est qu'un moyen de s'amuser pour eux". Dieu entendit les prières du rabbin mourant et garda la vache jusqu'à ce que le garçon atteignit l'âge adulte et commença à voir la richesse parmi ses collègues. Il dit alors : "Ah, regarde, si mon père était vivant, j'aurais demandé la richesse pour commencer ma vie d'adulte". Après avoir atteint la maturité et connu la valeur de la richesse, Dieu lui donna la vache que lui avait léguée son défunt père.

Pour en revenir à l'affaire du meurtre, les autorités juives ayant demandé des détails spécifiques sur la vache, l'occasion se présenta de réaliser le souhait du défunt rabbin.

Ils cherchèrent partout et ne trouvèrent pas de vache correspondant à la spécification. Dieu demanda à l'ange Gabriel d'informer le garçon de dire au chef du clan juif qu'il avait la vache dont ils avaient besoin et que tout montant demandé lui serait donné. Le garçon obtempéra et vendit sa vache pour une grande fortune.

Lorsqu'ils tuèrent la vache, Moïse leur demanda de couper sa langue et de fouetter le cadavre avec, afin de réveiller le vieil homme mort qui a alors dit : "C'est cette personne, le fils de cette personne, qui m'a tué". Quand il eut fini de nommer tous les coupables, il mourut à nouveau.

Après avoir raconté cette histoire et d'autres similaires à mon ami arabe, il fut stupéfait et devint calme. Il dit que certaines de mes histoires contenaient des éléments de contes juifs ou reproduisaient des traditions juives. Je lui ai dit que les migrants de Fuuta Jaloo étaient familiers avec les personnalités hébraïques de l'Ancien Testament. Ils connaissaient aussi les principaux événements relatés dans l'Ancien Testament et le livre des psaumes, à partir des histoires qu'ils racontaient.

Mon ami arabe n'a pas été le premier à affirmer que nos histoires sont des mythes hébraïques. Dr Edward Wilmot Blyden a également affirmé l'étroite affinité entre la vie des Foulbhé et l'histoire des anciennes figures hébraïques. Dans son rapport aux autorités britanniques en Sierra Leone, il écrit : "Ils tiennent la langue du Coran dans la plus grande révérence, affirmant que c'est la langue que parlaient Adam, Seth, Noah, Abraham et Ismaël. Ils affirment aussi que les descendants d'Ismaël n'ont jamais été asservis à aucun homme et que, pendant l'asservissement des descendants d'Isaac en Égypte, la langue perdit sa pureté et son abondance".

Mungo Park, l'explorateur écossais de l'Afrique occidentale, a décrit dans l'un de ses écrits les coutumes des Foulbhé comme présentant une ressemblance frappante avec celles des Juifs décrites dans le Pentateuque, les cinq premiers livres de la Bible chrétienne : la Genèse, l'Exode, la Lévitique, les Nombres et le Deutéronome. L'une de ces coutumes qu'il a illustrées remonte aux beaux jours de l'imâmat du Fuutâ Jaloo, à l'époque de Mousâ Bah, un chef local Foulbhé (landho missilla) du village de Jallon Kaduu (actuel district de Falaba, nord de la Sierra Leone). Après son couronnement, il ordonna qu'une grande miche de pain et un mouton abattu soient placés devant lui. Il invita tous ceux qui souhaitaient être instruits par les Karamokos (prêtres islamiques) du Fuutâ Jaloo à poser leurs mains sur le pain et à toucher le mouton ; ce que tous les chefs de Jallon Kaduu firent. Selon Mungo Park, cette pratique différait dans son motif, mais était similaire à celle de l'expiation, lorsque les Juifs avaient reçu l'ordre de fournir un bouc pour porter les péchés du peuple, et que le grand prêtre plaçait ses mains sur la tête du bouc et confessait les péchés de la nation.

Les *Maoubhé* Foulbhé avec lesquels j'ai eu le privilège d'interagir, et d'entendre les histoires qui leur ont été racontées par leurs ancêtres, font référence à l'époque de Moïse comme s'il s'agissait de leurs archives. On pourrait se demander d'où leur vient cette connaissance ? Les ancêtres n'ont pas pu connaître ces histoires uniquement par des sources arabes. Certains folklores oraux concernant le prophète Mousâ (Moïse) ont une corrélation directe avec la tonalité biblique et hébraïque qui exclut l'influence arabe.

Nos ancêtres semblent avoir interagi étroitement avec Moïse. Comparez cela avec la connaissance du Nouveau Testament, qui est très limitée. En comparant notre compréhension des histoires de l'Ancien Testament à celle du Nouveau Testament, le capitaine De Guiraudon, en 1886, dans la conférence qu'il prononça sur les Foulbhé à son retour de Dakar, déclara : " Il semblerait que le message de Jésus leur soit parvenu de loin, dans un état vague et décousu ". Pour faire cette déclaration, le capitaine De Guiraudon devait être très familier des folklores Foulbhé. Il avait vécu en Sénégambie et entretenait des relations avec la communauté foulbhé. Il conclut que : "si les Foulbhé n'admettent pas avoir pratiqué la foi juive", ce qu'il affirme plus qu'il ne le nie, "ils étaient, du moins, en contact permanent avec les Juifs dans des temps reculés, et qu'ils recevaient d'eux directement les légendes de l'Ancien Testament".

* * L'ATTACHEMENT AU BÉTAIL * *

L'attachement des Foulbhé au bétail est si remarquable qu'il indique une vie antérieure de culte des taureaux. Ils sont des nomades et l'élevage de bovins fait partie de leur patrimoine culturel. Autrefois (et encore aujourd'hui dans certaines régions isolées), la richesse est assimilée à la taille du troupeau de bovins. D'autres tribus de la sous-région ont l'impression qu'une personne ne peut être Pullo que si elle possède des vaches. Lorsque je dis à mes amis que je n'avais pas de vache au début de mon adolescence, ils considéraient une telle déclaration de ma part comme une blague.

Pendant la guerre civile en Sierra Leone (1991 - 2002), mes parents ont déménagé dans leur ville ancestrale en Guinée. J'ai eu l'occasion de passer six ans (1991-1997) avec mes proches en Guinée. Ces six années passées avec les membres de ma famille maternelle et paternelle restent mémorables.

Pendant la saison des pluies de chaque année, mes cousins et moi avions l'habitude de nous occuper des vaches pour qu'elles ne gâchent pas les fermes. Tous les matins, nous les lâchions, les suivions pendant qu'elles broutaient et, le soir, nous les ramenions dans leur cabane appelée *dinguirâ* dans ma langue maternelle. Habituellement, les habitants des villages partagent la même étable. Cependant, chaque famille marque ses vaches du symbole de sa famille pour les identifier.

Vaches détenues dans leur cabane appelée dinguirâ

Une fois par an, nous organisons un événement appelé *Tuppal* (fête de la vache). Dans notre culture, nous organisons le Touppal pour fournir aux vaches les nutriments nécessaires à leur bonne santé tout au long de l'année.

Il existe plusieurs façons de fabriquer un Touppal. Cependant, dans les villages de Kôboloniyâ et de Jiifin, nous creusons une grande fosse dont nous tapissons le fond d'argile pour empêcher l'infiltration rapide de l'eau. Nous remplissons ensuite la fosse d'eau. Ensuite, nous effectuons un mélange équilibré de certaines herbes, de racines et de sel. Le dernier ingrédient du mélange de la fosse est le matériau de la termitière. Quelques jours avant la date du Touppal, nous fouillons les environs pour trouver une fourmilière. Nous cherchons également un bon endroit pour rassembler toutes les vaches participant au Touppal, si l'étable du village n'est pas proche du site approuvé pour l'évènement. Cet enclos temporaire pour le bétail ne doit pas être éloigné du site. Une fois la concoction terminée, les anciens appellent les vaches à venir boire. On utilise l'expression "*areh gaaa ka touppeh ka tuppeh areh gaaa*", ce qui signifie venez au festival, venez ici. La première vache à arriver et à goûter la concoction sera marquée et, à la fin de l'événement, sera déclarée gagnante.

Vaches buvant les concoctions de Touppal

J'attendais cet événement avec impatience pendant mon adolescence. Autant c'était une fête pour les animaux, autant c'était un moment de joie pour les adolescents – car, nous avions l'occasion de déguster de la bonne nourriture, comme dans toute fête du calendrier musulman. L'attachement aux vaches est tel que nous organisons une fête pour elles.

Avant de venir en Égypte, les anciens Foulbhé utilisaient la vache mâle comme symbole de l'incarnation d'un être surnaturel. Cette culture Foulbhé était similaire à celle de l'ancienne Mésopotamie, où les taureaux ont longtemps été vénérés comme des symboles majestueux de force et de puissance. Les Babyloniens, les Cananéens et toutes les cultures du Proche-Orient vénéraient les taureaux. Aux yeux des anciens Foulbhé, le culte des taureaux n'était pas toujours une exhibition d'animalité grossière. Il représentait un concept qui était le fruit d'une réflexion sur l'un des plus profonds mystères de la nature. La vache, elle aussi, était connue pour être le symbole ordinaire des divinités les plus populaires, adorées par tous les membres de la race hébraïque, et nulle part plus pieusement qu'à Babylone, Canaan et dans les régions voisines.

Les citations littéraires sur l'affinité des Foulbhé avec la culture orientale et juive m'ont amené à croire les dires des narrateurs oraux Foulbhé. Les narrateurs disaient généralement que la tribu Foulbhé avait accepté les trois grandes religions (judaïsme, christianisme et islam). Ils ont noté que nous avions eu une interaction avec les Juifs pendant notre séjour en Egypte. Je discuterai de la nature de cette interaction dans la section suivante.

Chapitre IX

De la Ville aux Montagnes

Les narrateurs oraux Foulbhé et les égyptologues qui ont relaté l'histoire de l'époque affirment que la dynastie Thébaine vainquit les Foulbhé (Hyksos). Après leur défaite, certains d'entre eux continuèrent à vivre en Égypte. Cependant, selon les récits oraux, beaucoup d'entre eux quittèrent la citadelle tandis que d'autres se retirèrent dans les régions montagneuses. Ceux qui s'y retirèrent, combinaient l'agriculture et l'élevage et furent plus tard appelés le peuple Felah ou les agriculteurs habitant les montagnes.

Il est intéressant de voir comment *felah* (habitants des collines), le premier mot inventé pour désigner notre peuple en Égypte, est similaire à *fellô* (montagne) dans notre langue Poular actuelle au Fuuta Jaloo. Le nom de notre tribu a évolué au cours de l'histoire, depuis l'époque où l'on nous désignait comme des agriculteurs occupant les collines jusqu'à l'époque contemporaine où nous nous appelons Foulbhé. Les récits oraux ont révélé que lorsque nos ancêtres étaient en Égypte, les Foulbhé avaient deux foyers : Tôrô et Hisrina. Tôrô est le gardien du Taureau (*Tôru*) que le peuple vénérait. L'une des exigences du gouvernement égyptien, après que les Thébains eurent détrôné les Foulbheés, était que chaque communauté (groupe tribal) devait avoir un représentant aux fonctions de l'État et parler en son nom pour les questions d'importance nationale et les urgences. Pour les Foulbhé, leur chef tribal était toujours issu de la maison Hisrina. La maison abritant nos dieux était appelée **Foutou**. Tous les Fuutas (Tindi, Tôrô, Mâsina, Jaloo et N'Gaoundéré) qui furent établi plus tard à travers l'Afrique, reçurent leurs noms de la maison Foutou.

Les Foulbhé continuèrent à vivre avec leurs homologues égyptiens et juifs et bénéficièrent de la prospérité du pays jusqu'au règne du Pharaon, Thoutmosis

II. Selon la légende, après la mort de son père, le Pharaon Thoutmosis II demanda la main de l'une des plus belles dames Foulbhé en mariage. Les anciens Foulbhé, en concertation avec leur figure de proue, considérèrent de bonne foi cette proposition de mariage du Pharaon et pensaient qu'il s'agissait d'une union bienvenue, qui consoliderait leurs relations avec la maison régnante du Pharaon. Par conséquent, ils accédèrent à la demande du Pharaon.

Après le mariage, elle découvrit que la première femme du Pharaon était sa sœur de sang ; un fait qui ne lui avait pas été révélé, ni aux anciens Foulbhé, qui avaient approuvé l'union. Depuis leur défaite, la plupart des Foulbhé dissimulèrent leurs activités aux yeux du public. Ils n'avaient guère d'informations de première main sur ces activités, si ce n'est à travers les rumeurs du palais.

En apprenant le mariage abominable entre le Pharaon et sa sœur, la nouvelle épouse aurait confronté le mari et dit : "Mon seigneur, je ne peux pas être ta femme car mon mode de vie (ma croyance) ne me permet pas de partager un foyer qui pratique cette abomination". Le Pharaon a alors répondu : "Tu es d'abord mon sujet et ensuite ma femme. Par conséquent, tu n'as aucune autorité morale pour me dire ce que je ne dois pas faire". La femme persiste et dit : "Alors, mon seigneur, je préférerais n'être que votre sujet". Voyant que le mari ne bougeait pas de sa position, on raconte que la dame refusa de réchauffer le lit de son mari pendant plus d'un mois. Son refus le rendit furieux, une situation qui entraîna son exclusion de toutes les activités du palais. Ce qui avait commencé comme une petite escarmouche dégénéra rapidement en une guerre totale.

La dame dit ensuite à son mari : "Comme je n'ai aucune autorité morale sur toi, je préférerais que nous annulions le mariage". Le Pharaon, furieux de sa tirade, décida de la mettre en captivité et de la rendre malheureuse au palais.

Les anciens Foulbhé ne tardèrent pas à entendre parler du traitement réservé à leur fille au palais. Déterminés à trouver la raison de cette aliénation, ils cherchèrent à entendre les deux parties, séparément. Ils réunirent les deux parties sur un terrain neutre et cherchèrent une solution pacifique à l'impasse conjugale. Après avoir entendu les deux parties, ils choisirent discrètement de prendre le parti de leur fille, car ils n'approuvaient pas une telle relation incestueuse. Cependant, leur objectif caché était de faire sortir leur fille de captivité, avant de dire publiquement au Pharaon que l'inceste constitue un mal.

Les anciens décidèrent qu'avant d'affronter le souverain en public, ils devaient d'abord assurer la sécurité de la dame. Ils élaborèrent un plan d'arbitrage entre le Pharaon et sa femme sur un terrain neutre, avec la promesse de faire la paix et de stabiliser la maison du pharaon. Cette stabilité incluait que sa belle épouse réchauffe son lit. Sur le terrain neutre, l'affaire fut discutée en public pour le bénéfice de ceux qui n'avaient pas entendu la discussion à huis clos. Le mari y expliqua la raison de l'impasse. La femme fut également autorisée à expliquer sa version des faits.

Les anciens dirent au Pharaon : "notre religion (l'animisme pour être précis) ne permettait pas ce genre de pratique terrible". Ils lui annoncèrent que, dans ces circonstances, ils étaient obligés d'annuler le mariage. Par conséquent, le mariage fut dissous et leur fille lui fut enlevée.

La dissolution blessa le Pharaon, car il se sentit décrédibilisé. Il appela ses vassaux, leur expliqua le traitement que les Foulbhé lui avaient infligé et leur demanda conseil ; puisque qu'à l'époque, les souverains ne prenaient pas de décisions unilatérales avant d'avoir consulté leurs vassaux de confiance. En consultation, les vassaux décidèrent que, puisque le Pharaon ne pouvait pas expulser les Foulbhé du pays, il devait prélever une taxe sur eux et leurs produits.

Après cet incident, le pharaon décréta que personne ne devait acheter de vaches, de moutons, de chèvres ou tout autre produit aux Foulbhé. Il indiqua clairement qu'il montrerait aux Foulbhé qu'ils étaient ses sujets et ses subordonnés dans son royaume. L'embargo dévasta les Foulbhé et leur vie devint difficile. En consultation avec la communauté, les anciens conclurent que les Foulbhé qui étaient restés dans la citadelle devaient migrer. Ces derniers envoyèrent des éclaireurs pour évaluer les zones de pâturage en dehors de la ville. Après un certain temps, les éclaireurs rapportèrent qu'ils avaient vu des poches de champs verts, même s'ils n'étaient pas aussi luxuriants que ceux de leurs anciennes colonies. De nombreux Foulbhé migrèrent de la ville vers la région montagneuse et se lancèrent dans l'agriculture en plus de l'élevage du bétail. Pendant la période de l'embargo, ils se mirent à prier jour et nuit et demandèrent à Dieu d'alléger leurs problèmes. Leur "dieu" ensuite répondit à leurs prières de telle sorte qu'une relation spéciale apparut entre eux et les Juifs.

Chapitre X

Une Relation privilégiée

Selon l'orature, l'arrivée des Foulbhé en Egypte est contemporaine de l'émigration juive en Palestine depuis la Mésopotamie. Trois cents ans après que les Foulbhé eurent commencé à régner sur l'Égypte, en 1,700 avant J.-C., une grave famine s'abattit sur la Palestine et ses environs. Cette famine entraîna le célèbre "trek" israélite vers l'Afrique (Égypte) depuis la Palestine. Les Israélites furent invités par le dirigeant égyptien de l'époque, dont l'employé était le prophète Joseph, qui avait accédé à une position importante et influente. Les nouveaux arrivants juifs, leurs troupeaux et leur bétail s'installèrent à Goshen, à l'Est du Nil.

Qui fut le pharaon régnant en Égypte pendant la relocalisation juive?

En raison des lacunes de l'histoire égyptienne, il est impossible de connaître le nom du souverain, mais les égyptologues ont affirmé que l'un des Foulbhé (Hyksos) était le Pharaon, un fait qui n'est pas encore contesté.

Les récits historiques montrent également que les Foulbhé réussirent à soumettre les Egyptiens sur leur territoire avant de l'occuper. C'est une preuve de courage, de génie politique et de pouvoir d'organisation ; qualités qui nous sont reconnues, à ce jour. Ce génie politique conduisit les Foulbhé à inviter un afflux d'Israélites lorsque l'occasion se présenta.

La sagesse de cette politique est apparente. Les Foulbhé savaient parfaitement que leur règne était impopulaire, que les princes de la dynastie Thébaine renversée complotaient continuellement contre leur domination en Haute-Égypte. Ils savaient que le maintien de leur pouvoir dépendait du nombre d'adhérents en Basse-Égypte. Une fois en Égypte, les Juifs n'hésitèrent pas à interagir avec les Foulbhé et établirent de solides relations communautaires.

Ainsi, les deux races formèrent une union. Les Israélites furent également marqués par le ressentiment lorsque les représentants de l'ancienne dynastie Thébaine arrivèrent au pouvoir.

Au plus fort de la servitude en Égypte, les Juifs sollicitaient régulièrement la connaissance des Foulbhé concernant la naissance d'un garçon de la communauté juive qui les libérerait. Chaque jour, la promesse de la naissance de cet enfant maintenait en vie et en espoir de nombreux Israéliens pendant les années tumultueuses de l'oppression. Avant la naissance du prophète Moïse et avant que le Pharaon ne décrèta le meurtre de tous les enfants mâles des Israélites, les Foulbhé leur avaient dit qu'un jour, un garçon né parmi eux les ferait sortir de l'esclavage. Les Juifs furent surpris et crurent que la connaissance de la venue du prophète n'était accessible qu'à eux seuls. Après cette révélation, les Juifs considérèrent les Foulbhé comme des frères et leur confièrent d'autres secrets, même si ces derniers étaient à l'époque des adorateurs du Taureau.

Lorsque les Israélites arrivèrent en Basse-Égypte, ils n'étaient pas familiarisés avec l'élevage du bétail dans l'arrière-pays égyptien et demandèrent donc l'aide des Foulbhé. Pendant l'embargo, les Israélites envoyèrent des centaines de jeunes hommes adultes pour apprendre l'élevage du bétail auprès des Foulbhé. Ceux-ci prirent les hommes sous leur tutelle et leur enseignèrent les méthodes d'élevage du bétail, tout en survivant avec de maigres provisions. Les jeunes hommes restèrent avec les Foulbhé pendant plus de dix ans, en vue d'apprendre l'élevage du bétail. Les deux races établirent des liens de parenté.

Après avoir appris tout ce dont ils avaient besoin, certains des jeunes hommes décidèrent de vivre avec leurs maîtres et promirent de les aider à traverser l'embargo. Les Foulbhé donnèrent la main de leurs filles aux jeunes hommes juifs. Ces derniers établirent une communauté israélienne au sein de la colonie Foulbhé et décidèrent de leur apporter assistance, en emmenant leur bétail à la citadelle et en le vendant sous des noms israéliens. L'intégralité du produit de la vente était restituée aux Foulbhé. Cette stratégie aida les Foulbhé à traverser les périodes difficiles.

Comme prévu, des mariages mixtes eurent lieu entre les Foulbhé et leurs voisins immédiats ; ce qui a permis à ces derniers d'être apparentés à la plupart des tribus. Que ce soit par ascendance commune ou par mariage, ils eurent des liens de parenté avec les Israélites, les Arabes, les Indiens et les Bantous (Africains à la peau foncée). C'est peut-être pour cette raison qu'il est apparemment impossible de retracer les origines des Foulbhé.

Jeyrih Hisrina, érudit et leader Foulbhé, partagea son histoire avec Moïse, le prophète juif. Jeyrih Hisrina était issu de la famille Hisrina (traduite approximativement par "qu'elle vive à jamais"), la famille la plus noble des Foulbhé de l'époque. Cette famille était toujours admirée et on comptait sur elle pour fournir la figure de proue Foulbhé de toute génération. Cette maison était considérée comme la maison prophétique, car son éducation s'étendait de l'ancien savoir sacré au mysticisme traditionnel. Le prophète Moïse et Jeyrih Hisrina sont nés à peu près en même temps, sous le règne du Pharaon Thoutmosis III, fils du Pharaon Thoutmosis II. Thoutmosis III régna conjointement avec sa tante et belle-mère, Hatchepsout, qui fut nommée Pharaon après la mort de son mari et frère de sang Thoutmosis II.

Lorsque le prophète Moïse arriva à maturité et déclara être prophète, beaucoup de gens ne le crurent pas. Les anciens juifs et ceux qui étaient plus au fait de l'ancien mysticisme parmi les Israélites décidèrent de consulter les Foulbhé, au sujet des affirmations de Moïse. Jeyrih Hisrina avait atteint sa majorité et était le chef des Foulbhé à l'époque. Le chef de la délégation israélienne lui dit : "Nous avons un de nos fils qui a déclaré être prophète. Nous aimerions que vous nous aidiez à déterminer la véracité de sa déclaration". Le chef répondit : "Nous aimerions que vous nous donniez un peu de temps. Après avoir consulté nos dieux, nous parlerons à la personne en question, et nous communiquerons plus tard les résultats".

Après plusieurs consultations, Jeyrih et les anciens Foulbhé allèrent parler à Moïse. Satisfait de leur conversation et de ses réponses à leurs questions, Moïse persuada les Foulbhé qu'il était un prophète envoyé par un être suprême. Non seulement Jeyrih communiqua les conclusions des Foulbhé aux Israélites, mais il leur dit qu'ils seraient des alliés, en vue d'établir la nouvelle religion de Moïse. Confiant dans leur soutien et soutenu par la promesse miraculeuse de son Seigneur, Moïse fut encouragé à prêcher le nouveau mode de vie.

La prédication de Moïse n'eut pas d'impact sur le Pharaon régnant, car ce dernier n'était pas prêt à accepter le nouveau mode de vie. Petit à petit, la tension commença à monter et cela poussa Moïse à solliciter le soutien auprès de la communauté Foulbhé. Il dit : "Dieu m'a dit de m'opposer à ce Pharaon pour libérer mon peuple. Vous êtes brillants et vous êtes un peuple guerrier. Je voudrais que vous vous joigniez à moi pour combattre". Les Foulbhé lui assurèrent de leur assistance, en disant qu'ils aideraient volontiers quiconque à combattre le tyrannique Pharaon, d'autant plus qu'ils considèraient Moïse comme un prophète. Jeyrih dit : "Nous nous joindrons à toi pour combattre pour deux raisons : Premièrement, tu es un prophète divin envoyé par un être surnaturel. Demander notre soutien ne ferait qu'accroître notre statut aux yeux de votre Dieu. Pour nous, c'est suffisant pour nous inciter à nous battre avec vous et votre Dieu. Deuxièmement, cette dynastie tyrannique a placé un embargo sur nous. Pour cela, nous ne pouvons pas lui pardonner".

Chapitre XI

Périple interminable

Dans une révélation, Dieu ordonna à Moïse de faire sortir d'Égypte les Israélites et les autres croyants aux premières heures du jour. Cependant, Moïse ne connaissait pas la composition géomorphologique de la terre. Les Foulbhé, qui avaient une meilleure connaissance du terrain, conduisirent Moïse et les autres vers la partie la plus basse de la mer Rouge, parce qu'elle était peu profonde et que c'était le point le plus proche reliant les deux rives.

Il est bien connu que Moïse avait un bâton qu'il utilisait pour élever du bétail. Avec l'aide de Dieu, il l'utilisa pour fendre la mer Rouge en deux moitiés, et il n'était pas difficile de revenir au niveau du sol à partir de ce point, et la foule passa donc de l'autre côté. Après avoir échappé aux forces qui le poursuivaient et s'être mis en sécurité, Moïse appela les Foulbhé et s'adressa à eux en disant : "Maintenant, nous sommes devenus une seule famille. Vous avez accepté la religion de Dieu. Je veux vous encourager à abolir l'adoration du taureau. Joignez-vous à moi et n'adorez que Dieu, le créateur du monde et des cieux qui vous a créés, vous et tout ce qui existe sur cette terre. A partir d'aujourd'hui, je veux que vous consacriez votre vie au seul service de Dieu".

De nombreux anciens répondirent à l'appel de Moïse, abandonnant la religion animiste ancestrale et rejoignant celle de Moïse ; mais Jeyrih Hisrina n'apprécia pas que les anciens n'eurent pas procédé à la consultation traditionnelle et coutumière appropriée, avant de prendre un tel engagement bouleversant. En conséquence, il y eut une division au sein de la communauté Foulbhé. Ce fut la première fois qu'ils présentèrent un front divisé. Ils se trouvèrent dans un endroit où le seul leader convaincant était Moïse, qui avait accompli miracles après miracles depuis le début de leur épopée. Pour la plupart des Foulbhé, leur priorité était d'être avec Moïse.

Jeyrih Hisrina réalisa que son peuple était prêt à abandonner sa religion pour la nouvelle. Donc, il les quitta et se rendit à une rivière voisine pour boire et se rafraîchir, en espérant que la plupart des anciens auraient reconsidéré leur position à son retour ; car il a vu, dans une vision, ce qui allait arriver à la tribu à cause de la division et de la désunion. Il pria pour l'unification des Foulbhé après avoir vu les conséquences de la division. Pendant son absence, les anciens Foulbhé décidèrent de mettre fin au culte du taureau, en tuant une vache vivante et en partageant sa viande entre les familles Foulbhé et Israélienne. A son retour et apprenant ce qu'ils avaient fait, Jeyrih fut très en colère et dit à son peuple qu'ils avaient commis un sacrilège en détruisant Tôru, leur dieu, en présence de Juifs. Il dit que les Foulbhé n'auraient pas dû tuer la vache/taureau; ils auraient plutôt dû la donner à Moïse pour qu'il fasse son souhait, de sorte que la décision et les conséquences auraient été celles de Moïse. En outre, Jeyrih dit à la communauté Foulbhé : "Maintenant, parce que vous avez participé à l'abattage et au partage de la viande de cette vache, il y aura des divisions entre nous. Nous deviendrons ennemis les uns des autres, nous nous enverrons les uns les autres".

Il poursuivit: "Nous continuerons à être prospères dans toutes nos entreprises et activités, mais l'envie nous empêchera d'être unis. La plupart d'entre nous ne voudront pas ou n'aimeront pas que les nôtres nous dirigent; nous préférerons plutôt des étrangers à nos frères et sœurs de sang comme dirigeants". Cependant, à l'époque, les Foulbhé rejetèrent ces propos comme étant les paroles jalouses d'un homme qui s'en voulait parce qu'ils avaient choisi Moïse comme chef. À Moïse, Jeyrih dit : "Toi et ton peuple auriez aussi votre part de responsabilité pour avoir participé à la destruction de notre vache. Les autres tribus mépriseraient ton peuple, et ton peuple serait persécuté. Leur asservissement en Égypte ne serait pas leur dernière oppression; il y aurait d'autres persécutions après cela. Ils abandonneraient la terre que tu leur apportes. Ils se dirigeraient dans différentes directions et finiraient par souffrir dans ces régions".

Après l'interprétation de la vision de Jeyrih aux Foulbhé, les anciens demandèrent pardon. Pour faire pénitence, ils abattirent de nombreuses vaches, sacrifiées pour apaiser leurs dieux en colère, afin de contrecarrer et d'éviter le malheur imminent. Mais il semblerait que leurs efforts n'eurent pas abouti au pardon souhaité ; car, selon l'ancien dicton de la langue Poular, une fois que quelque chose est écrit, il est difficile de l'empêcher, même si la colère ou la bénédiction imminente peut être réduite ou augmentée en fonction de la prière.

Jeyrih aurait finalement maudit le mont Sinaï, lieu de l'événement, et dit qu'il deviendrait stérile. La littérature existante a montré que le nom de la montagne ne provient ni de l'arabe, ni de l'hébreu, ni du hiéroglyphe de l'ancienne Égypte, ni du grec. Ce fait valide la théorie Foulbhé selon laquelle seule sa langue possède des vocabulaires décrivant le nom de la montagne. Le mont Sinaï, prononcé "Tur Sinaï" en arabe et en hébreu, doit son nom à la cérémonie sacrificielle que les Foulbhé accomplirent en ce jour de fidélité. Il convient de rappeler que les Foulbhé d'Égypte étaient regroupés en ménages. Les deux foyers notables furent les Tohru, (gardiens de la vache) et les Hisrina (dont les descendants, par défaut, devinrent les chefs des Foulbhé). C'est le foyer Tôru qui faisait les sacrifices, et les personnes présentes disaient en dialecte Fulfuldé que "Tôrou hirsi na'i", c'est-à-dire que Tôru abattit des vaches, à partir desquels le nom de la montagne "Tur Sinaï" (Mont Sinaï) fut forgée.

Après avoir concilié leurs différends, Moïse suggéra à Jeyrih et aux anciens de la tribu de le suivre, lui et les Israélites, vers la terre promise. Conformément à leur ancienne tradition, les Foulbhé se consultèrent et décidèrent de ne pas suivre Moïse en terre promise, car Dieu avait maudit tous les gens qui avaient participé à l'adoration du veau d'or sous Saameriyu. Les Foulbhé ne pouvaient pas rejeter l'offre de Moïse sans présenter une excuse. À l'unisson, ils demandèrent à leur chef de dire "à cause de notre bétail, nous ne te suivrons pas là où tu vas. La terre n'est pas pastorale. Nous ne pourrions pas élever notre bétail. La voie la plus sûre pour nous, maintenant, est de nous déplacer vers l'ouest à partir de ce point. Là-bas, la terre est fertile pour l'agriculture, et nous pourrions élever notre bétail".

Moïse, voyant que les Foulbhé ne pouvaient pas être persuadés d'aller avec lui et les Israélites, dit : "Jeyrih, j'en vins à respecter ton savoir. Maintenant, d'après les récents événements, les deux parties furent trompées dans l'affaire du partage de ta vache. S'il te plaît, pourrais-tu dire aux deux groupes (Foulbhé et Israélites) leur punition en raison de leurs actions et aussi les joyeuses nouvelles qui les attendent, ainsi que leurs générations futures"? Jeyrih répondit : "Moïse, tu es mon maître et plus savant que moi. La responsabilité te revenait de dire aux deux groupes ce que tu m'as demandé de faire, mais puisque tu as choisi de ne pas le faire par peur de les effrayer sur le résultat de leurs actions, et puisque tu m'as transmis la responsabilité, je leur dirais ce qu'il en est maintenant et ce qu'il en sera plus tard".

"Tout d'abord, je voudrais commencer par mon peuple, car comme dans toute chose, il faut avoir un regard rétrospectif sur soi. Mon peuple, nous allons vers l'Ouest et nous allons rencontrer, nous mélanger et nous mêler à des tribus à la peau sombre et aux cheveux courts. Tous ceux qui nous verront ne voudront pas nous accueillir parmi eux. Quand ils nous accueilleront, ce sera avec de profondes réserves. Une réserve qu'il serait difficile d'expliquer, mais nous serions capables de vivre avec eux". Puis, il expliqua : "Cependant, il existe d'autres tribus qui nous accueilleraient à bras ouverts et nous pourrions nous marier avec ces derniers. Malgré toutes ces difficultés imminentes, c'est sur le continent africain que nous éliront notre dernière demeure. Votre religion (le judaïsme), que nous avons acceptée, ne perdurerait pas avec nous, car nous la quitterions pour une autre. Nous serions tous d'accord pour prendre une autre nouvelle religion (le christianisme); cependant, elle ne perdurerait pas avec nous non plus. Mais une religion (l'Islam) qui viendrait plus tard, serait acceptée de tout cœur et ne serait abandonnée pour aucune autre religion".

Jeyrih se tourna vers Moïse et son peuple : " C'est vrai, votre peuple atteindrait la Terre promise, mais pas ceux présents avec vous; car ils rencontreraient diverses sortes de punitions. Ils seraient divisés et exploités de manière inimaginable, cependant ils se regrouperaient et deviendraient un seul peuple avec un seul but. Lorsque cela se produira, votre peuple sera le plus riche de la planète Terre. Il s'unira et récupérera toutes les choses qui lui ont été enlevées. Peu de temps après l'unification de votre peuple, mon peuple (Foulbhé) sera également uni et recouvra son pouvoir".

Jeyrih fit face aux Foulbhé et dit : "Nous souffririons, notre bétail mourrait, nous serions ridiculisés, raillés, moqués et intimidés; mais le monde ne se terminerait pas sans que nous devenions une force avec laquelle il faudrait compter comme nos homologues juifs".

Chapitre XII

Retour au bercail

Les Juifs poursuivinrent leur voyage vers la Terre promise depuis le mont Sinaï, mais les Foulbhé restèrent dans la péninsule du Sinaï pendant une courte période et se réorganisèrent. Ils conservèrent leur culture et le judaïsme, leur nouvelle religion. Cependant, les Foulbhé ne pouvaient pas résider longtemps au même endroit, car ils devaient subvenir aux besoins de leur bétail et étaient donc régulièrement obligés de migrer. Depuis le Sinaï, ils se séparèrent en deux groupes; mais nos narrateurs ne savent pas si leur décision de bifurquer était unanime ou non. Cependant, conformément à leur antécédent, on peut supposer qu'elle était unanime.

Le premier groupe suivit le Nil à la recherche de pâturages verts et se dirigea vers le sud. Les narrateurs oraux ont révélé que ce groupe traversa les régions d'Afrique centrale et orientale en passant par le Soudan, la République centrafricaine et le Cameroun. Les Foulbhé qui s'installèrent dans la région d'Afrique centrale sont connus sous le nom de Peuls N'borôrô.

Le second groupe suivit les chemins de l'ouest et traversa la Libye (Cyrénaïque), le Tchad, le Niger, l'Algérie, le Maroc, la Mauritanie, le Sénégal et la Guinée actuelle. Ce groupe est à l'origine des Fuutas d'Afrique occidentale (Jaloo, Tôro et Mâsina), appelés Fuutankébhé (Guinée) et Tôrôbhé (Sénégal). Mes racines sont issues de ce dernier groupe. Le modèle de migration de ce deuxième groupe sera discuté plus en détail dans un instant.

Après avoir quitté la péninsule du Sinaï, ils migrèrent vers l'ouest, traversèrent la Cyrénaïque et s'installèrent au *Tibesti*, dans l'actuel Tchad. Au Tibesti, ils prospèrent tellement qu'ils eurent le sentiment d'avoir enfin atteint leur destination. Jusqu'au Tibesti, les Foulbhé voyagèrent ensemble comme une unité, mais ce mouvement uni ne dura pas longtemps; car, ils se scindèrent en petites équipes lors des migrations suivantes. À partir du Tibesti, leur activité professionnelle dicta leur mode de migration. Ceux qui s'occupaient de marchandises restèrent au Tibesti. Cependant, la plupart des agriculteurs et des éleveurs partirent à la recherche de terres fertiles pour le pâturage et l'agriculture.

Un grand nombre d'éleveurs et d'agriculteurs du Tchad traversa le Soudan occidental (Mali) et le Bas-Sénégal et fondèrent de petits établissements en cours de route. Ce sont ces personnes que Hanno, le voyageur grec, rencontra lors de ses voyages sur la côte ouest de l'Afrique.

Après le Tibesti, la plupart des Foulbhé, sinon tous, poursuivinrent leur migration à la recherche de nouveaux centres commerciaux rentables. Ils se dirigèrent vers la région de Tagan (Mauritanie, Maroc et Algérie actuels). Dans leur périple, ils traversèrent le Niger depuis le Tchad. Ils s'installèrent à Tishit (dans l'actuelle Mauritanie), la capitale de la région de Tagan. Tishit était une ville carrefour. La ville grouillait de marchands et de pèlerins musulmans de la côte ouest de l'Afrique se rendant à la Mecque. Des récits oraux ont révélé que de nombreux Foulbhé acceptèrent l'Islam, alors qu'ils étaient à Tishit. Donc, ils devinrent la seule tribu à accepter et à pratiquer le judaïsme, le christianisme et l'islam, les trois modes de vie Abrahamiques.

Au 10e siècle, les Foulbhé (également connus sous le nom de Djahogôbhé) qui s'installèrent au Bas-Sénégal avec les Soninkés et les Sérères, commencèrent à se mélanger avec les Foulbhé qui s'étaient précédemment installés en Basse-Mauritanie. Par la suite, ils créèrent l'empire Lâmu Tekourou ou Tekrour. Au 11ème siècle, vers 1042, les Almoravides, un mot espagnol dériva de l'arabe "al-murābit" (signifiant littéralement "celui qui est lié"), fondèrent un puissant empire englobant le Tchad, le Maroc et la Mauritanie. Ils furent les premiers à lancer le djihad, une guerre sainte islamique, et forcèrent un nombre important de tribus Foulbhé et autres de la région à accepter l'islam et à renoncer au paganisme.

Le djihad divisa les Foulbhé selon des lignes religieuses pour la deuxième fois. Une partie des Peuls qui acceptèrent l'Islam rejoignirent les Almoravides dans leur djihad vers l'Europe, tout en établissant leur quartier général en Espagne. Les autres convertis qui n'étaient pas dans le giron du djihad se dirigèrent vers Bhoundou (dans l'actuel Sénégal) pour prêcher et étendre la religion. Les érudits Foulbhé qui se rendirent à Bhoundou devinrent très influents et renversèrent l'empire païen du Ghana. Les envahisseurs almoravides persécutèrent les Foulbhé qui refusaient d'accepter l'islam et les soumirent à des conditions difficiles sous la domination islamique. Par conséquent, entre les 13e et 14e siècles, la plupart des Foulbhé non musulmans se déplacèrent dans les recoins intérieurs de la région montagneuse de l'actuelle Guinée. Ce groupe de Foulbhé non-islamiques était appelé les Poulli.

Au XIVe siècle, les Poulli qui se rendirent dans les montagnes de l'actuelle Guinée, fondèrent la dynastie des Déniankés sous la direction et le contrôle d'un Poullô nommé Koly Tenguella Bah ou Koly Poullô. La masse terrestre du royaume était vaste et s'étendait de la Guinée, du Sénégal à la Gambie et à certaines parties du Mali. L'existence de Koly et de ses partisans n'est que vaguement mentionnée dans les récits oraux, mais ceux qui racontent son histoire se réfèrent à son royaume comme le "*Dîna Yankôbhé*", (ce qui signifie littéralement "le peuple religieux"). L'armée de Koly était composée des tribus Foulbhé Poulli, Dialounké, Koniagui et Bassari. Parmi les autres tribus qui combattirent avec Koly, les Dialounké étaient majoritaires. Les tribus qui participèrent au clan Koli se regroupèrent au sein du Fuuta Jaloo en raison de la similitude de leur religion, puisqu'elles vénéraient les arbres, la forêt, les vaches, le soleil, le feu et de nombreux objets. Ils partageaient des pratiques culturelles standard comme les chants, les danses et la consommation de l'alcool local. Le souverain de l'empire était appelé " Sâtigui". Sâtigui Koli séjournait dans une forteresse troglodyte en Guinée et c'est à cette époque qu'il conçut l'idée de sculpter une masse continentale à partir de l'empire du Mali. Cette forteresse en question est située à Guémé Sagan, dans la communauté rurale de Sinta, préfecture de Télimélé en Guinée. Les ruines de la grotte sont encore visibles et continuent à attirer des études archéologiques jusqu'à ce jour. Lorsque les terres devinrent arides et que la famine se répandit parmi son peuple, Sâtigui Koli choisit d'envahir le Sénégal pour des raisons économiques. Sans grande résistance, il déplaça sa capitale à Ayam-Godo au Sénégal.

L'empire Dîna Yankôbhé était animiste et la majorité du peuple était fétichiste. Leurs fétiches enflammèrent une minorité agitée et active de Foulbhé musulmans, qui sapèrent constamment l'autorité des souverains Dîna Yankôbhé. En 1776, une révolution menée par Thierno Soulaiman Bah, suite à 70 ans de crise dynastique des Dîna Yankôbhé, renversa le dernier Sâtigui et rebaptisa cette partie du pays Fuuta Tôro.

En 1700, une autre vague de migration eut lieu vers la région montagneuse de la Guinée. Les migrants étaient des Foulbhé, des Sarankoulé et des Soninké. Les Foulbhé étaient majoritaires et beaucoup, sinon tous, étaient musulmans. Cette situation contraste avec celle des Poulli et des Dialounké, les premiers occupants de la région. Ces derniers migrants se déplaçaient par maisons familiales. La plupart d'entre eux venaient du Mali et du Bhoundou (Sénégal). La majorité des nouveaux arrivants Foulbhé étaient des marchands, des érudits islamiques et des éleveurs de bétail. Certains arrivèrent de force tandis que d'autres le firent discrètement et sans se faire remarquer. L'histoire n'a pas pu déterminer la date exacte à laquelle tous les Foulbhé entrèrent dans la région montagneuse de la Guinée, mais il est établi que leur migration fut lente, constante et s'étendit sur plusieurs années.

Mes arrière-grands-parents, qui étaient des érudits islamiques du Bhoundou, faisaient partie de ce groupe. Ils vinrent avec leurs étudiants, établirent des villes et commencèrent à enseigner. De même, les marchands arrivèrent avec leurs marchandises et fondèrent des centres commerciaux. Les éleveurs de bétail suivaient leur troupeau, mais ne s'installaient pas de façon permanente; ils parcouraient plutôt les régions sauvages à la recherche de pâturages.

L'un des problèmes majeurs auxquels étaient confrontés les nouveaux arrivants musulmans était que les Poulli et les Dialounké interdisaient la pratique publique de la religion islamique. Par conséquent, ils se cachaient souvent pour accomplir leurs obligations religieuses. Les Foulbhé islamiques essayèrent de persuader les Poulli et les Dialounké de permettre aux adhérents de pratiquer librement leur religion, mais leurs efforts s'avérèrent vains. Les Foulbhé islamiques furent preuve de patience jusqu'à ce que leur population augmenta considérablement. Lorsque celle-ci atteignit une certaine proportion, ils défièrent les règles des Poulli et des Dialounké et commencèrent à accomplir leurs obligations religieuses en public. La pratique publique de l'islam revigora les nouveaux arrivants. Certains des Poulli et des Dialounké considéraient comme un acte de bravoure le fait de défier la norme pour un Dieu étrange et invisible. Par conséquent, ils devinrent curieux et finalement, certains fétichistes rejoignirent la religion islamique.

Pour faire respecter leur loi, les autorités de Poulli et de Dialounké imposèrent des sanctions plus sévères contre les musulmans, en encourageant leurs partisans à lancer des insultes aux Foulbhé musulmans, à les insulter et à piller leurs biens, en particulier ceux des marchands et des éleveurs de bétail. Comme marque supplémentaire de rejet, les dirigeants de Dialounké et de Poulli demandèrent à leurs partisans que, chaque fois qu'ils trouvaient des musulmans en train de prier et qu'ils pouvaient les maîtriser, ils leur demandaient de prendre la terre sur laquelle ils priaient.

Chapitre XIII

Fondation de la République théocratique du Fuuta Jaloo

En 1725, Alpha Ibrahîma Sambegou convoqua les Foulbhé musulmans à Fougoumba, la maison de ses grands-parents, car les injustices étaient devenues insupportables. Des sources historiques mais non-vérifiables affirment que, pendant sept ans, sept mois et sept jours, Sambegou fit du "Khalouwa". Khalouwa signifie la pratique du mysticisme islamique au cours de laquelle on reste confiné dans sa chambre jour et nuit sans interagir avec aucun être humain, en recitant continuellement des litanies islamiques [Wirdou] et en faisant des supplications.

Sambegou et ses partisans avaient secrètement planifié le djihad, mais un jour la bulle éclata. Il fut révélé qu'Ibrahîma Sory, son cousin, avait offensé les fétichistes Dialounké et Poulli de Timbo lors d'un de leurs rituels. Ibrahîma Sory s'était infiltré dans la cérémonie, avait dégainé son épée et fit éclater les tambours. Les ritualistes s'étonnèrent de son audace. Il profita de leur étonnement et blessa plusieurs d'entre eux avant de s'enfuir chez son cousin. Ils le suivirent jusqu'à la maison de ce dernier, demandant qu'il soit livré afin qu'il soit mis à mort. Sambegou reçut les plaignants avec diplomatie et leur dit qu'il allait rechercher le criminel. En attendant, il conseilla au fautif de simuler la folie et de chanter comme s'il avait perdu la tête. Sory suivit le conseil. "Regardez," dit Ibrahîma Sambegou, "Mon cousin est fou. Il ne sait ni ce qu'il dit ni ce qu'il fait". Sambegou les supplia d'accepter les cadeaux de réparation. Calmes et satisfaits, ils prirent les cadeaux et partirent.

À peine étaient-ils partis que la famille de Sambegou s'était réunie et avait décidé instantanément qu'elle devait rassembler tous les chefs religieux qui avaient participé secrètement au plan et consolider la chronologie du djihad.

Les ecclésiastiques (érudits musulmans) suivants étaient présents à Fougoumba:

1. Alpha Mamadou Cellou Diallo de Labé;
2. Thierno Samba Diallo de Bhouriâ (le plus instruit dans la traduction du Coran, tafsir) ;
3. Thierno Siré de Timbi-Tunni ;
4. Thierno Souleymane Bah de Timbi-Tunni (le plus âgé d'entre eux) ;
5. Alpha Amadou Diallo Kankalabé de Kollâdhé;
6. Alpha Moussa Sow de Kébâly;
7. Alpha Sâliou Ballah Baldé de Koyin;
8. Alpha Mamadou Sâdio Barry de Fougoumba ; et
9. Alpha Ibrahîma Sambegou Barry de Timbo (le plus jeune d'entre eux).

Ces neuf personnalités représentaient les différents États qui allaient composer la nouvelle République. Notez que Timbi-Tunni envoya deux représentants. Thierno Souleymane sera plus tard nommé à la tête de son État après la fondation de la République. Cette réunion à Fougoumba devint le premier Congrès /Assemblée.

Au cours de ce premier congrès, les religieux Foulbhé décidèrent de s'unir et de défendre la religion. Entre autres décisions prises était le fait que l'interdiction d'accomplir leurs devoirs religieux ne devait plus durer. Avant de lancer le grand djihad de Talansan, un lieu situé à quelques kilomètres de la rivière Bafing à l'est de Timbo, les neuf religieux pionniers se résolurent de demander l'aide de Dieu dans leur quête et jeûnèrent pendant environ 40 jours. Après quarante jours, ils se réunirent au site du Secteur actuel de Baliyâbhé près de Bomboli (Pita) pour viser ensemble avec leurs arcs et flèches un arbre «doundounké». Aucun ne râta la cible et ils en concluèrent que l'oracle divin était favorable pour déclencher la guerre sainte « djihad ». C'est ainsi qu'ils confirmèrent que Dieu était avec eux.

Sambegou envoya des lettres invitant les chefs Dialounké et Poulli à se battre. Dans ces lettres, il disait que si les Dialounké et les Poulli parvenaient à vaincre son armée, ils étaient libres de faire ce qu'ils voulaient avec les musulmans. En revanche, si ses troupes étaient victorieuses, tous les Dialounké et les Poulli seraient contraints d'accepter l'islam et une nouvelle république serait instaurée.

En sortant de Timbo, Alpha Ibrahîma Sambegou compta ses troupes et il y en avait 99, dont des enfants parmi eux. Pendant qu'il comptait ses troupes, il reçut un message lui annonçant qu'un fils venait de naître sous son toit. Il leva immédiatement la tête vers le ciel, remercia ses compagnons, tout comme Dieu, d'avoir porté leur nombre à 100 ; car, il voyait dans cette naissance un signe positif.

Ses troupes étaient pleines de courage alors qu'elles avançaient sur leurs ennemis. L'un des fantassins de Sambegou, Thierno Oumar, tira une flèche qui traversa l'un des Poulli qui tomba et mourut sur le coup. Après cet incident, la bataille devint générale. Un homme âgé de l'armée de Sambegou, Mâma Hârouna, utilisa son fusil pendant le combat. Les Dialounké et les Poulli ne connaissaient pas le fusil et furent donc remplis de terreur, en entendant l'arme à feu. Cette arme leur fut croire que Dieu était venu en aide aux musulmans et ils se dispersèrent donc et fuirent. Finalement, les troupes de Sambegou conquirent les Dialounké et les Poulli à la bataille de Talansan. Une fois vaincus, certains se convertirent immédiatement à l'islam.

Après la bataille de Talansan, les neuf clercs divisèrent le territoire entre eux et déléguèrent à chaque érudit la responsabilité de combattre dans son domaine. Vingt-quatre (24) érudits des différentes ethnies (Foulbhé, Sirîfoûbhé, Sarankoullébhé et Fôdouyébhé) du Fuuta Jaloo participèrent au grand djihad national après la bataille de Talansan. Les premiers chefs Dialounké et Poulli à être chassés du pouvoir furent Dian Yéro de Fougoumba et Hôré Téné de Kankalabé, grâce à la férocité de Thierno Mamadou Sadio Fougoumba et Thierno Ahmadou Kankalabé. Tous les autres domaines furent rapidement conquis par les musulmans-Foulbhé, à l'exception de Timbi, où il y avait un nombre considérable de Dialounké et de Poulli. Timbi dut donc demander l'aide des autres zones pour soumettre ses habitants.

Après les victoires à l'échelle nationale, les pères fondateurs organisèrent le deuxième congrès à Timbi-Tounni, chez Thierno Souleymane, afin de fonder la nation, de choisir un dirigeant, de former une armée permanente, d'installer le système judiciaire et de définir le programme d'enseignement.

Tout d'abord, ils demandèrent à chaque chef religieux de rendre compte de ses excursions militaires dans ses États respectifs. Chaque religieux résuma son expédition militaire et conclut qu'il était capable de soumettre toutes les forces résistantes dans sa zone. Après les résumés des expéditions militaires, **le Fuuta Jaloo** fut formé et placé sous la protection d'Allah le Tout-Puissant, qui avait facilité la conquête.

Les autres États étaient appelés *Dîwé*. Ils décidèrent que le dirigeant de la nouvelle République serait un représentant de la puissance d'Allah. Ils se mirent d'accord sur le type de gouvernance et affirmèrent que la justice s'appuierait sur la *théocratie* (règle selon l'Islam) et établirent une famille *aristocratique*.

Ce devait être un spectacle curieux, car l'assemblée était un mélange de races diverses, certaines venant du nord, d'autres du sud ou de l'est, des descendants de Foulbhé, Sirîfoûbhé, Sarankoullébhé et Fôdouyébhé dont les rêves de pouvoir et de fortune allaient se réaliser.

La première constitution fut rédigée pendant le deuxième congrès. Pour le leadership, il fut décidé que le plus savant d'entre eux serait le chef. À cette époque, le programme d'études islamiques était divisé en sept [7] domaines. Ces domaines furent la lecture du Coran, la traduction du Coran (Tafsir), la jurisprudence islamique (loi), la grammaire arabe, l'histoire, les études contemporaines (science) et la connaissance religieuse.

D'abord, les neuf religieux furent testés sur un seul domaine, à savoir la traduction du Coran (Tafsir) ; Thierno Samba de Bhouriâ en sortit victorieux. Lorsqu'ils voulurent lui conférer l'Imâmat, il dit "Un homme qui ne maîtrise qu'un seul sujet sur les sept étudiés dans notre pays ne peut pas nous diriger". Il conclut qu'ils devraient être testés sur l'ensemble des sujets d'étude.

Lorsqu'ils furent testés pour la deuxième fois dans les sept domaines d'étude, le plus jeune des neuf religieux, Karamoko Alpha Ibrahîma Sambegou, sortit vainqueur. Il fut couronné et comme sa résidence était à Timbo, cette ville devint automatiquement la capitale. D'où le surnom de Karamoko Alpha Mo Timbo.

Il fut également décidé que les régions d'où provenaient les neuf érudits seraient les capitales de leurs États. Les frontières furent tracées en utilisant des points de repère naturels tels que les montagnes, les rivières et les vallées. Les huit érudits restants devinrent gouverneurs de leurs États par décision de l'Almâmy couronné. En outre, l'État de Timbo serait gouverné par celui qui parviendrait à devenir l'Almâmy. Mais aussi que Fougoumba serait lacapitale religieuse et lesiège du Parlement fédéral où toutes les lois seraient promulguées. Le gouverneur de Fougoumba, par défaut, devait être le juge en chef et responsable de la prestation de serment de l'Almâmy. Bhouriâ serait le lieu où le vote pour choisir l'Almâmy serait comptabilisé, certifié et le gagnant annoncé.

Bhouriâ fut également choisi comme lieu de déploiement des neuf turbans, qui seraient enroulés sur la tête de l'Almâmy élu à Fougoumba. La séparation du statut de ces deux lieux rendait obligatoire le choix de l'Almâmy à Bhouriâ et le déploiement des neuf turbans (symbolisant les neuf Etats).

Les neuf turbans étaient noués et dénoués, et le serment était prêté à Fougoumba avant d'être finalement remis à la "Maison de l'Almâmy" à Timbo. Une fois à Fougoumba, chaque jour, un turban serait retiré jusqu'au dernier qui serait retiré à Timbo. Il fut également convenu que la lignée de Karamoko Alpha Ibrahîma Sambegou serait la seule à avoir droit à l'Imâmat de Fuuta Jaloo.

Lors du premier **couronnement**, on a demandé à Alpha Ahmadou Kankalabé de déplier le turban à neuf tours. En dépliant le turban, il dit : "Almâmy, tout Fuuta Jaloo est sous ton commandement, sauf ma famille et moi".

Alpha Mamadou Sadio Fougoumba, chef de la branche de la famille Sériyanké (une des familles de l'oligarchie n'ayant pas droit au trône), fut chargé d'enrouler le turban autour de la tête de l'Almâmy. Il se leva et, prenant un nouveau turban, commença à l'enrouler autour de la tête de l'Almâmy, en disant :

"Que tout le Fuuta Jaloo avec ses habitants ; ses êtres ; ses choses ; ses bois ; ses montagnes ; même l'herbe et la poussière soient placés entièrement sous l'autorité de l'Almâmy !". Il se tourna ensuite vers Alpha Mamadou Cellou de Labé et lui lança un défi rhétorique en demandant : "Ai-je parlé correctement" ? Ce dernier, sans hésitation, répondit : "Oui". Tous les autres érudits, à leur tour, répondit : "Qu'il en soit ainsi". Et la foule acquiesca dans un murmure.

Tous les érudits furent des rivaux qui se disputaient férocement le pouvoir avec l'Almâmy élu. En commémoration de cet acte de loyauté, il fut décidé qu'à l'avenir, seuls Alpha Mamadou Sadio et ses descendants auraient le privilège de sanctifier les futurs Almâmy et seraient assistés par Alpha Mamadou Cellou de Labé et ses descendants. C'est ainsi que le chef suprême fut élu et couronné.

Les gouverneurs devant commander les huit autres États furent également choisis et les terres furent réparties comme suit : Thierno Souleymane obtint la région de Timbi-Tunni. Alpha Mamadou Cellou reçut le vaste État de Labé. Thierno Ahmadou KankaLabé fut désigné pour diriger Kollâdhé. Alpha Mamadou Sadio fut chargé de diriger Fougoumba. Alpha Moussa fut nommé gouverneur de Kébâly. Thierno Samba fut nommé gouverneur de Bhouriâ, mais il ne fut pas satisfait et se plaignit. En raison du rôle important qu'il joua en aidant Timbi lorsqu'ils appelèrent à l'aide pendant le djihad, il reçut tous les captifs Dialounké et Poulli capturés pendant la guerre. Alpha Sâliou Balla obtint Koyin. Fodé Hadji, qui ne faisait pas partie du premier congrès mais dont on se souvenait du rôle dans le djihad, reçut l'État qu'il avait aidé à conquérir et qui fut nommé d'après lui.

Enfin, Alpha Diâkouna de Gongôré et Thierno Oumar Kalako se virent accorder la souveraineté sur la province de Timbo, mais sans former de territoires indépendants.

Les neuf Dîwé de la nouvelle république furent placés sous l'autorité de l'Almâmy. Des comités ou des conseils furent formés pour élire les Almâmy suivants et mettre en place des contrepoids aux pouvoirs en place. Les comités étaient composés de descendants des compagnons de ceux qui participèrent aux grandes guerres de conquête et d'islamisation du pays. Les comités furent les suivants : **Tékoun Maoudho** (Grand Conseil). Ce comité comprenait les descendants des Almâmys et des familles oligarchiques qui n'avaient pas droit à l'Imâmat. Les autres 4 conseils régionaux étaient : **Tékoun Modi Makka** (le Conseil de Makka) ; **Tékoun Thierno Ahmadou** (le Conseil d'Ahmadou) ; **Tékoun Thierno Youssouf** (le Conseil de Youssouf) ; et **Tékoun Thierno Malal** (le Conseil de Malal). Ces conseils étaient dirigés par les descendants de Makka, Ahmadou, Youssouf et Malal respectivement.

Pour des raisons de stabilité, il existait certains contrôles et limitations politiques à l'autorité de l'Almâmy. Tout d'abord, l'élection entraîna une compétition politique et des compromis au sein de la famille dynastique et la décision finale revenait toujours au conseil électoral. Une fois en fonction, l'Almâmy consultait habituellement le grand conseil, et les gouverneurs des Etats consultaient les conseils régionaux. L'Almâmy était obligé de convoquer une assemblée avec le grand conseil pour décider des guerres saintes. Le président de la Cour suprême et le tribunal de Timbo étaient habilités à interpréter la constitution sur la base du Coran. Lorsque l'Almâmy ne respectait pas l'une de ces deux institutions, il risquait d'être démis de ses fonctions par le grand conseil.

En outre, le fait qu'il n'y eut pas de grande armée permanente signifiait que l'Almâmy devait tenir compte des intérêts des gouvernements et des gouverneurs des autres États. Ces différents facteurs limitaient donc le pouvoir de l'Almâmy de Timbo et du gouvernement central.

La résidence de l'Almâmy. Le site fut fondé à Timbo par le premier Almâmy
(Karamoko Ibrahima Sambegou)

L'intérieur de la résidence de l'Almâmy

Vue d'ensemble du mur défensif (Tata) de la résidence de L'almâmy

Vue la Case ronde de Fougoumba ou les Almâmys etait couronee

Vue la case d'attente a Fougoumba

Chapitre XIV

Crises et Modification Constitutionelle au Fuuta Jaloo

Toutes les règles de gouvernance d'ordre institutionel, les règlements et les coutumes furent rédigés pendant le deuxième Congrès de Timbi-Tunni. Cependant, comme toute nation, le Fuuta Jaloo était soumis à des amendements constitutionnels de routine.

Le premier cas se produisit lorsque Karamoko Alpha Ibarhima Sambegou, (le premier Almâmy) fut mortellement blessé au combat et mourrut en 1751. Il n'avait pas de successeur éligible car son fils aîné, Alpha Sâliou, était un petit garçon d'environ sept ans. Le Conseil suprême chargé des affaires de l'Imâmat (Tékoun Maoudho) modifia la constitution et étendit le rôle de l'Imâmat à son cousin, Ibrahîma Sory.

Ibrahîma Sory, populairement appelé Almâmy Sory Maoudho, était le chef de l'armée du défunt Almâmy. Il fut nommé à l'unanimité comme Almâmy intérimaire, pour succéder à Alpha Ibrahîma Sambegou, jusqu'à l'atteinte de la majorité d'Alpha Sâliou.

Il régna jusqu'à la majorité d'Alpha Sâliou. Après l'atteinte de la majorité par ce dernier, Ibrahîma Sory Maoudho lui transmit le pouvoir et se retira dans son village natal dans la banlieue de Timbo, Helaya.

Almâmy Alpha Sâliou fut couronné comme deuxième Almâmy du Fuuta Jaloo. Toutefois, il lui manquait l'art et le courage de la guerre. Il était plus un académicien qu'un guerrier. Pendant son règne, Condé Bourama, un chef Dialounké envahit le Fuuta Jaloo depuis Koyin. Il assiègea Timbo et plutôt que de résister, Almâmy Alpha Sâliou s'enfuit et se réfugia à Bantignel. Il abandonna la capitale et d'autres institutions symboliques comme la grande mosquée, la résidence de l'Almâmy, les centres d'apprentissage (Dhoudhé) et le cimetière sacré où reposeaient les héros tombés au champ de bataille du Fuuta Jaloo .

Condé Bourama ordonna l'incendie de la mosquée de Timbo ; il se rendit sur la tombe de Karamoko Alpha Ibrahîma Sambegou, le premier, et la profana : Il l'ouvrit, vit que le corps avait subi la rigidité cadavérique, mais ne s'était pas décomposé et coupa la main droite du cadavre. Il occupa Timbo pendant environ deux mois. Au terme du deuxième mois, il choisit d'envahir Fougoumba. Les membres du Tékoun Maoudho savaient que s'ils laissaient l'assaut sur Fougoumba se poursuivre, le Fuuta Jaloo tomberait. Ils avaient attendu l'intervention d'Almâmy Alpha Sâliou, mais n'obtinrent pas le feu vert nécessaire. Donc, Ils firent appel à Ibrahîma Sory Maoudho (qui était à la retraite) pour qu'il les assiste à affronter Condé Bourama, à le chasser de Timbo et à l'empêcher d'attaquer Fougoumba.

Ibrahîma Sory Maoudho leva rapidement une armée et rencontra les gouverneurs des Eats à Fougoumba. Comme le veut la coutume des généraux de guerre du Fuuta Jaloo, il fit appel aux érudits (Karamokôbhé) pour prier et fortifier ses soldats. Les Karamokôbhé lui dirent que la bataille serait gagnée au prix fort. Ils précisèrent également qu'Ibrahîma Sory devrait sacrifier un de ses fils pour mener l'armée à la victoire.

Le chef de la force militaire serait l'agneau sacrifié. Sans remettre en cause les conclusions du Karamokôbhé, Ibrahîma Sory réunit ses trente-trois (33) fils et leur expliqua la situation. Il dit : "Allah a puni le Fuuta Jaloo, et a demandé une expiation en sacrifiant l'un d'entre vous. On m'a dit en rêve qu'en échange de ce sacrifice, Allah nous donnerait la victoire, et lui seul serait plus fort que l'armée d'invasion. Qui parmi vous a plus de force et de courage que cent (100) hommes réunis et peut tuer le chef-envahisseur" ? Tous ses fils se levèrent et demandèrent à être choisis, mais Sâdou fut le premier à se présenter. Ibrahîma Sory l'écarta en disant : "Pas toi. Tu es destiné à d'autres choses". Ensuite, Ahmadou se présenta mais son père l'écarta, lui disant que son courage n'était pas suffisant pour résister à plus de cinquante (50) hommes. Alseyni, la troisième personne se présenta, mais ne pouvait résister qu'à quarante (40) hommes. Puis vint le quatrième, (Ahmadou) N'Bemba ; mais étant lépreux, son père lui dit qu'il ne pouvait se battre contre aucun homme de son état. Après lui, les autres fils se présentèrent, à tour de rôle, et furent rejetés jusqu'à ce que Mamadou Woulen, le fils aîné qui était arrivé en retard à la convocation de son père se leva. Dès qu'il se présenta, son père l'accepta comme celui qui devait délivrer le pays en sacrifiant sa vie, car lui seul possédait le courage de cent (100) hommes réunis.

Mamadou Woulen jura de délivrer son pays en sacrifiant sa vie. Il supplia cependant son père de transférer son droit d'aînesse à Sâdou, à qui il confia ses femmes et ses enfants, et le désigna comme aîné à sa mort. C'est ainsi que Sâdou devint le fils aîné d'Ibrahîma Sory. Une des demandes que Mamadou Woulen fit à son père, fut de faire de Sâdou le successeur de l'Imâmat du Fuuta Jaloo. Ibrahîma Sory répondit : "Personne n'aurait besoin de nommer Sâdou comme Almâmy. Il se nommerait lui-même et je l'ai vu en rêve que Sâdou est couronné de mon turban". Après cela, l'armée se mit en route vers Fougoumba. L'armée d'Ibrahîma Sory se heurta à celle de Condé Bourama dans un village appelé Sirakouré près de Fugoumba et détruisit l'armée de ce dernier. De nombreux fantassins de Condé Bourama se convertirent à l'Islam et s'installèrent dans le village de Sirakouré. Après la défaite de Condé Bourama, Takou Bayero, un autre chef Dialounké, tenta également d'envahir Fougoumba. Il rencontra l'armée réorganisée d'Ibrahîma Sory et fut vaincu. Ceci mit fin aux futurs assauts sur Fougoumba. Après ces évènements, Almâmy Alpha Sâliou fut contraint de céder le pouvoir à Ibrahîma Sory Maoudho, qui fut traditionnellement couronné selon la constitution comme troisième Almâmy, après avoir servi d'abord comme intérimaire. Il réussit à établir un contrôle ferme sur le Fuuta Jaloo et une partie du territoire environnant à la fin des années 1770.

Une autre crise constitutionnelle qui justifia un amendement se produisit lorsque Almâmy Ibrahîma Sory décéda. Almâmy Alpha Sâliou revint pour occuper le trône. Cependant, immédiatement après la mort d'Almâmy Ibrahîma Sory, Sâdou, son fils aîné, avec l'aide d'Alpha Abdoullâhi, le gouverneur de Labé, s'empara de la couronne (souvent décrit en termes contemporains comme un coup d'état). Alpha Sâliou ne s'enfuit pas, il mobilisa plutôt une armée et prit position à Timbo. Des intrigues (trahisons) s'ensuivèrent entre Alpha Sâliou et ses vassaux d'une part, et Sâdou et ses vassaux d'autre part ; car, tous complotèrent leur perte mutuelle. Lassé des intrigues de Timbo, Almâmy Alpha Sâliou renonça finalement au pouvoir et s'installa à Dâra, son village natal. À Dâra, il établit l'un des plus grands centres d'apprentissage et continua à enseigner. Il pria Dieu de faire en sorte qu'aucun de ses descendants, ou de ceux de Sâdou, ne gouverne jamais le Fuuta Jaloo après eux. Il plaça une malédiction sur la lignée de leurs descendants parce qu'ils avaient versé beaucoup de sang dans leurs familles.

Les événements montrèrent par la suite qu'après lui et Sâdou, aucun de leurs descendants ne contesta le titre d'Almâmy du Fuuta Jaloo jusqu'à ce qu'en 1897, les descendants des Almâmy Sâdou et Sâliou, Sori Yilili et Oumarou Bâdemba, invitèrent respectivement l'artillerie française à renverser l'Almâmy Boubacar Biro, le dernier Imâm traditionnellement couronné, qui refusait le partage du pouvoir tel que stipulé par la constitution.

Puisque Sâdou avait pris le pouvoir et que l'Almâmy Alpha Sâliou s'était rendu, le gouverneur de Labé, le plus puissant des gouverneurs, demanda au Conseil suprême de se réunir à Fougoumba et de couronner Sâdou comme Almâmy légitime. Alpha Ousmane, le juge en chef de l'époque et gouverneur de Fougoumba s'opposa au couronnement de celui-ci. Cependant, par une motion à la majorité simple, son objection fut rejetée et Sâdou fut traditionnellement couronné comme quatrième Almâmy (et non élu).

Après le couronnement d'Almâmy Sâdou, il emprisonna Alpha Ousmane (parce que ce dernier ne l'avait pas soutenu dans sa candidature à l'Imâmat), mais tous les Conseils (Tékoundjidhin) intervinrent et le firent libérer. Après sa libération, Alpha Ousmane jura de renverser Almâmy Sâdou à tout prix. Après cinq ans sur le trône, Almâmy Sâdou fut tué, alors qu'il priait dans la mosquée.

Dans la foulée de la mort d'Almâmy Sâdou, le Fuuta Jaloo fut plongé dans le chaos constitutionnel et successoral, car tous les descendants d'Almâmy Alpha Ibrahîma Sambegou et d'Almâmy Ibrahîma Sory Maoudho prétendaient au trône. Selon la réglementation, ce sont les enfants de Karamoko Alpha Mo Timbo qui avaient droit au trône. Cependant, d'autres constitutionnalistes affirmèrent que les descendants d'Almâmy Sory avaient également droit au même trône, puisque leur père avait gouverné et que son fils (qui usurpa le pouvoir) fut couronné par la suite selon les règles constitutionnelles et la tradition de la république. La constitution fut modifiée et deux maisons régnantes virent le jour : Il s'agit d'*Alphayâ*, symbolisant les descendants de Karamoko Alpha Ibrahîma Sambegou, et de *Soriyâ*, les descendants d'Almâmy Ibrahîma Sory Maoudho.

Il fut convenu dans l'amendement qu'ils établissent un système de gouvernance de remplacement ; où un parti attendrait jusqu'à ce que l'Almâmy couronné de l'autre parti meurt avant que le leader du parti en attente ne prenne le règne. L'amendement spécifiait qu'Alphayâ régnerait en premier. Lorsque l'Almâmy de ce clan meurt, le pouvoir passe au clan Soriyâ. Dans le cadre de ce système, le frère cadet d'Almâmy Alpha Sâliou, Abdoullâhi Bâdemba, fut élu comme cinquième Almâmy à diriger en 1793. L'un de ses engagements était de réformer le Fuuta Jaloo et de veiller à ce que le chaos qui s'était installé entre son frère aîné et son neveu ne refasse pas surface. L'Almâmy Abdoullâhi Bâdemba put mener à bien de nombreuses réformes politiques. L'une d'entre elles fut de proposer la durée du mandat d'un souverain plutôt que d'attendre toute une vie. Cependant, les Conseils ne donnèrent pas rapidement suite à sa recommandation. Ce n'est que lorsque l'Almâmy couronné meurt qu'un autre monte sur le trône. Parfois, des luttes sanglantes s'ensuivirent entre et au sein des deux partis, le parti sur la liste d'attente tentant parfois d'assassiner l'Almâmy régnant pour laisser la place à l'un des leurs. Ce type de trahison se poursuivit jusqu'en 1837, lorsque l'une des réformes recommandées par Abdoullâhi Bâdemba, le cinquième Almâmy, fut adoptée sous la forme d'un amendement autorisant les limites de la mandature. L'amendement stipulait que chaque Almâmy gouvernerait pendant deux ans et passerait ensuite le relais à l'autre. Cela signifiait qu'une fois qu'Alphayâ et Soriyâ avaient présenté leurs candidats à l'Imâmat et obtenu l'approbation, ils gouvernaient conjointement pendant une période de rotation de deux ans jusqu'à leur décès.

L'amendement stipulait également que les Almâmy issus des deux clans Soriyâ et Alfaya devaient se rendre dans leurs villages respectifs, lorsque les fonctions d'Almâmy ne les appelaient pas à résider à Timbo, et qu'au moment de leur retraite, ils devaient quitter Timbo et se retirer dans l'un de leurs villages. Pour le clan Soriyâ, ces villages étaient désignés comme suit : Sogotoro, Kounta, Félâ, Sembâkoun et Sayin. S'agissant du clan Alphayâ, les villages étaient : Dâra, Hérico, et Palé-Sâré. Il y a peut-être eu d'autres villages, mais ceux qui sont mentionnés ci-dessus sont ceux qui sont le plus souvent cités.

Le Conseil Tékoun Maoudho fut chargé d'évincer tout Almâmy qui refusait de céder le pouvoir. Ce système de gouvernance alternatif ne parvenait pas à résoudre le problème ; car, il y avait des cas de non-respect de la passation de pouvoir. Cependant, un événement remarquable se produisit lorsque Almâmy Boubacar Biro, (le dernier Almâmy traditionnellement couronné du clan Soriyâ) refusa de céder le pouvoir à Almâmy Oumarou Bâdemba du clan Alphayâ. Ce dernier fut choisi pour succéder à son prédécesseur défunt, Almâmy Ahmadou Dâra.

Le refus de Boubacar Biro précipita le déclin du Fuuta Jaloo. En outre, d'autres facteurs contribuèrent immensément au déclin rapide du Fuuta Jaloo ; la plupart des gouverneurs n'étaient plus intéressés par le bien général de la république, puisqu'ils s'étaient concentrés sur l'intérêt de leurs États et clans respectifs. Les gouverneurs utilisaient la clause qui stipulait que si l'Almâmy de Timbo voulait opprimer la population générale, ils étaient autorisés à combattre l'Almâmy pour débarrasser le peuple de la dictature. La plupart d'entre eux complotaient à la fois ouvertement et secrètement la disparition de Boubacar Biro. Les chefs des conseils n'étaient plus neutres comme l'exigeait la constitution ; ils avaient tous pris parti.

Musole de Karamoko Alpha a Timbo

Musole de Almâmy Sorie Maoudho a Labé

Chapitre XV

Enseignement et Education sous la Direction des Almâmys au Fuuta Jaloo

Les principes fondamentaux de la foi islamique enseignés au Fuuta Jaloo, au cours des premières années de la République, se sont transformés en coutumes et en cultures ; et les deux sont devenus inséparables. Le savoir islamique du Fuuta Jaloo est un héritage des pieux-pères fondateurs. Ils mirent en place un système éducatif et veillèrent à ce que tous les habitants soient éduqués sans distinction de genre ou de groupe ethnique. Il était prévu que chaque enfant commence sa scolarité dès l'âge de sept ans. A l'instar d'autres enfants Foulbhé, j'ai commencé à aller à l'école à cet âge.

À ce jour, Labé est considéré comme le centre d'apprentissage de l'islam au Fuuta Jaloo. De nombreux chefs spirituels se sont consacrés à l'enseignement du Saint Coran et de l'Islam. Les chefs spirituels étaient les conseillers distingués des Almâmys et des Lanbhé Dîwé (gouverneurs). Lors de l'établissement de la république théocratique, le programme d'enseignement islamique fut divisé en sept [7] domaines (*Fanuuji*). Ces domaines sont la lecture du Coran, la traduction du Coran (Tafsir), la jurisprudence islamique (loi), la grammaire arabe, l'histoire, les études contemporaines (science) et la connaissance religieuse.

La connaissance religieuse fut rendue obligatoire pour chaque élève du Fuuta Jaloo. Le programme d'enseignement mettait l'accent sur la propagation de la forme correcte de l'Islam.

Ils divisèrent le niveau d'enseignement en trois phases : Niveaux primaire, secondaire et supérieur.

ENSEIGNEMENT PRIMAIRE

Le niveau primaire est subdivisé en trois étapes : **Bâ**, **Sigui** et **Finditourou**.

L'étape *Bâ* enseigne les alphabets arabes tels qu'ils sont échelonnés dans les derniers chapitres du Coran. L'étape *Sigui* enseigne les syllabes arabes. *Finditourou*, la dernière étape du niveau primaire, est celle où l'on apprend à l'enfant à combiner les syllabes pour former une phrase complète.

Au niveau *Finditourou*, l'enfant apprend à lire le Coran. La lecture commence avec les derniers chapitres (Naasi, Falaghi, Ikhlaass, etc., jusqu'à Baghara). Les enfants sont censés terminer l'apprentissage de tous les versets du Coran. Ils apprennent également à écrire l'alphabet arabe à ce niveau.

Vers la fin du stade Finditourou, à des fins théologiques, les enseignants sont autorisés, à leur discrétion, à introduire la traduction de petits livres de théologie appelés *deft*é *chewdhé*, comme *Muslimul-Sakhiir* (le jeune musulman) et *Lakhdari'u* (les fondements de la foi islamique). À la fin du niveau primaire, on s'attend à ce que les enfants soient capables de lire le Coran couramment et efficacement et d'écrire eux-mêmes les versets sur la tablette en bois (*allouwal*).

ENSEIGNEMENT SECONDAIRE

Au niveau secondaire, l'élève apprend à traduire le Coran en Poulaar. A la discrétion de l'enseignant, il peut introduire la traduction de livres tels que *Muhhibi* (louanges du Prophète) ; *Yusy* (texte de conduite morale) ; *Hariri* (livre d'histoires) ; *Dalaa-illul Khayrat* (un manuel distingué de bénédictions sur le Prophète) ; et *Arrisaala* (l'histoire de la prophétie de Mouhammad), etc. Les élèves étudient d'autres livres en possession de l'enseignant ou celui-ci emprunte des livres à d'autres enseignants des villages ou villes voisins.

ENSEIGNEMENT SUPERIEUR

Le niveau supérieur est destiné à ceux qui aspirent à poursuivre l'apprentissage de la grammaire. Si les élèves n'ont pas déjà commencé à apprendre la grammaire au niveau secondaire, elle leur sera présentée à ce niveau. En outre, les étudiants approfondissent leur connaissance de la langue arabe par des cours de grammaire et de littérature. À l'issue de leurs études, les lauréats reçoivent un titre et sont autorisés à commencer à enseigner.

Il y a trois titres couramment utilisés dans le Fuuta Jaloo : *Môdi, Alpha, et Thierno.*

Les personnes peuvent prétendre au titre de *Môdi* immédiatement après la circoncision et le mariage. Les cérémonies de passage au titre se succèdent.

Toute personne ayant terminé la lecture du Coran (successivement de l'avant à l'arrière et inversement) a le droit d'utiliser le titre *Alpha.*

Pour ceux qui ont fini de traduire le Coran et d'autres livres théologiques, le titre de *Thierno* peut leur être conféré, sauf à Timbi, où cette personne est appelée Karamoko. Certains anciens disent que c'est pour honorer Thierno Soulaiman, le plus ancien membre des pères fondateurs de Timbi. Il n'a eu droit au titre de Thierno qu'à Timbi.

L'arabe est la langue enseignée dans le système scolaire établi. Plus tard, certains érudits comme Thierno Samba Mombeya préconisèrent l'enseignement du Coran et d'autres livres dans la langue indigène, mais sa proposition fut violemment critiquée. Après un certain temps, un système hybride fut mis en place avec un enseignement en arabe et en Poulaar.

Les Almâmys du Fuuta Jaloo ont rendu l'éducation accessible et les cours sont donnés bénévolement. A ce jour, l'enseignement dans certaines régions se fait volontairement dans des rassemblements en plein air ressemblant à des écoles, appelés *Dhoudhé* (écoles). Chaque école (*Doudhal*) n'a qu'un seul enseignant, quel que soit le nombre d'élèves.

Chapitre XVI

Enseignement islamique traditionnel

En 1992, lorsque j'ai commencé à apprendre le Coran au *Dhoudhal* de mon père, il y avait plus de 50 élèves. Des enfants des deux genres formaient la population scolaire. Mon père était un enseignant de premier ordre dans le village. Il avait mis en place un système tel que, avec l'augmentation du nombre d'élèves, les plus avancés l'aidaient à encadrer les plus jeunes. Lorsque les élèves atteignaient un niveau relativement élevé, ils étaient chargés de superviser les élèves moins avancés.

Comme ses services étaient volontaires, il passait du temps à cultiver la terre, comme beaucoup d'autres enseignants coraniques. La plupart des enseignants ont des emplois à revenus multiples - tels que l'agriculture et le commerce après l'école. Cependant, il est de coutume que les étudiants aident aux travaux ménagers particuliers.

Au niveau élémentaire, les élèves écrivent sur une planche de bois (*allouwal*). On fabriquait de l'encre (*ndaha*) avec des feuilles, des pierres, des résidus de minerai de fer récupérés chez le forgeron, etc. Nous utilisions des cannes taillées en guise de stylo (*karambol*) pour écrire. Pour laver le tableau en vue d'une autre leçon, nous utilisions les feuilles (*nyen-nye*) de certains arbres que l'on trouve dans tout le Fuuta Jaloo ou, à défaut, nous utilisions du sable comme gomme.

Les cours de la journée étaient divisés en trois. Les cours commencent au lever du soleil, après la prière de l'aube (*Soubaka*). On allume du bois de chauffage, on lit les leçons individuelles et on essaie de les mémoriser par cœur. Après quoi, les élèves qui ne font pas partie du foyer de l'enseignant se rendent dans leurs foyers respectifs pour le petit-déjeuner. Ceux qui allaient dans des écoles conventionnelles s'y rendaient, et ceux qui n'y allaient pas s'adonnaient à leurs activités quotidiennes normales.

L'après-midi, après la prière de la mi-journée (*fanâ*), nous répétons nos leçons pour ceux qui ne les ont pas bien comprises le matin et nous rédigeons une nouvelle leçon pour ceux qui sont en retard. Cette révision durait généralement une heure et demie.

Enfin, le soir après la prière du crépuscule (*Foutourô*), nous allumions du bois et lisions pendant une ou deux heures, généralement jusqu'à ce que mon père revienne de la mosquée après avoir prié *Ishaa*, la dernière prière de la journée.

Pendant la semaine, nous profitions de deux jours de repos qui étaient une sorte de fin de semaine pour nous. Il commençait généralement du mercredi après-midi au vendredi midi après les prières du vendredi (Jouma). L'un des jours du week-end, les élèves allaient dans la brousse chercher du bois de chauffage ; car, il était de notre responsabilité de veiller à ce qu'il y ait du bois de chauffage à la maison pour cuisiner et pour allumer le feu le matin et le soir à des fins de lecture. Chaque fête religieuse de l'Aïd-ul Fitri et de l'Aïd-ul Adha (respectivement *Diouldé Soumayè et Diouldé Donkin*) nous valait également des vacances et nous avions souvent une semaine entière de congé. Et le jour du nouvel an islamique, nous avions deux jours de congé.

Les étudiants sont célébrés par la communauté chaque fois qu'ils atteignent un certain niveau d'éducation. Les festivités qui marquent ces étapes sont accompagnées de repas copieux, de chansons, de chants et parfois de danses. Tout comme les élèves étaient célébrés dans les moments d'excellence, ils étaient également punis dans les périodes de délinquance. Chaque enseignant avait le droit, voire le devoir, de discipliner ses élèves. À cette fin, les enseignants étaient autorisés à discipliner leurs élèves suivant la manière appropriée.

Les enfants apprennant autour du bois de chauffage au Fuuta Jaloo; ce qui me rappelle les jours de ma petite enfance

Tablette en bois (Allouwal)

Stylo à canne (karambol). L'encre (Ndaha) est fabriquée à partir de feuilles et de d'écorces d'arbres

Un enseignant peut utiliser le fouet pour administrer quelques coups dans les cas graves. J'ai reçu quelques coups de canne comme forme de discipline, au cours de mes études dans les systèmes scolaires arabe et circulaire.

Les enseignants ne recevaient pas de salaire mais des cadeaux tels que des grains de différentes cultures, du riz, du maïs, du fonio, du millet, etc., ou des articles provenant de la volaille, des moutons, des chèvres et des bovins de la part des parents de leurs élèves, en guise de compensation pour leur travail. En outre, pendant la culture et la récolte, les élèves accompagnaient leurs enseignants et travaillaient selon leurs capacités dans les fermes des ces derniers.

Lorsque l'élève terminait la première lecture du Coran (*djippingol*), l'enseignant recevait une vache ou un bœuf. À la fin des études de l'élève, l'enseignant recevait également un gage tel qu'un animal ou tout autre cadeau significatif que les parents jugeaient suffisant comme récompense. Tel était le système scolaire général au Fuuta Jaloo. Je suis un produit de cette érudition institutionnelle et elle continue sa progression depuis sa création jusqu'à nos jours. Dans tout le Fuuta Jaloo, les Almâmy, tout comme les gouverneurs des *Dîwé*, soutenaient l'enseignement islamique.

De nombreux érudits qui étaient partis à la recherche de la toison d'or rentraient souvent au pays pour consolider l'organisation de l'Islam dans le pays. Sous la supervision et le soutien des chefs religieux, l'Islam était fermement établi, et cette routine curriculaire fut maintenue au Fuuta Jaloo.

Selon l'orature, la pratique religieuse et l'éducation définissaient le Fuuta Jaloo. Les gens y venaient de loin à des fins d'apprentissage. Mon père m'a raconté qu'à son époque : "Dans les terres mandingues et les territoires Soussou, quiconque étudiait à Timbo (c'est-à-dire au Fuuta Jaloo) dirigeait automatiquement les prières dans une mosquée", parce qu'on croyait que la qualité de l'éducation au Fuuta Jaloo était supérieure à celle de n'importe quel autre établissement de la région à l'époque.

Chapitre XVII

Echange intellectuel entre Oumar Tall et Dalein

Suite à l'expansion de l'islam au Fuuta Jaloo, d'éminents chefs religieux ont élaboré et transmis des litanies islamiques (Wirdou). Parmi les supplications propagées, les voies *Tidjania*, *Chadelia* et *Quadria* sont les plus importantes.

Ma voie était principalement *Tidjania*. Le siège de celle-ci est sis à Dinguiraye. C'est Alhaji Oumar Tall qui apporta cette litanie au Fuuta Jaloo. La litanie *Chadelia* était largement pratiquée à Labé, et les Diakhankés de Touba propageaient la litanie *Quadria*.

Touba fut fondé vers 1815 par un pèlerin surnommé Karambah (qui signifie le grand Karamoko, en langue djakhanka). Son vrai nom était Alhaji Sâlimou. Il était originaire de Bhoundou et appartenait au clan familial des Gassama.

Les récits historiques indiquent que lorsque Alhaji Oumar Tall revint de la Mecque, les dirigeants islamiques du Fuuta-Tôro lui refusèrent l'entrée dans sa patrie. Ses proches collaborateurs lui conseillèrent de se rendre au Fuuta Jaloo et de demander la protection de l'Almâmy de Timbo. Entre-temps, à cette époque, le Fuuta Jaloo était dirigé par Almâmy Oumarou de Sokotorô, le 10ème Almâmy, fils d'Almâmy Abdoul Ghadiri et petit-fils d'Almâmy Ibrahîma Sory Maoudho.

*Thierno Sâdou Mo Dalein, de son vrai nom Thierno Ibrahîma Diallo,
était le secrétaire religieux d'Almâmy Oumarou, le 10e Almâmy du Fuuta
Jaloo*

Almâmy Oumarou, le 10ème Almâmy du Fuuta Jaloo . Il y accueilla Alhaji
Oumarou Tall et lui a octroyé Dinguiraye

La case d'Almâmy Oumarou a Sogotorô.

Alhaji Oumar Tall sur un cheval

Thierno Sâdou Mo Dalein (dont le vrai nom était Thierno Ibrahîma Diallo), le Secrétaire religieux en chef était le conseiller d'Almâmy Oumarou. Thierno Sâdou, grâce au mysticisme, vit la venue de Kodho maoudho (une personne d'importance et de grandeur) à Timbo. Il dit à Almâmy Oumaru qu'une personne portant un nom similaire au sien viendrait chercher refuge à Timbo. Il lui conseilla d'accepter l'homme et de lui accorder sa protection, parce qu'il était un enseignant islamique compétent. Cependant, "cet étranger saluerait en disant Assalamu Alaikum tokorah", (signifiant salutations à mon homonyme), "vous devriez répondre ainsi : "Almâmy marâ tokorah", (ce qui signifie que l'Imaam n'a pas d'homonyme). Car, si vous répondez aux salutations en disant "Wa Alaikum Sallam tokorah", ce qui signifie salutations à vous aussi homonyme, votre souveraineté prendra fin. Toutes les prédictions se réalisèrent.

Alhaji Oumar vint à Timbo et fit ce qui lui avait été prédit par Thierno Sâdou Mo Dalein, et l'Almâmy répondit comme conseillé. Alhaji Oumar Tall se mis en colère et ressentit un manque de respect. Il savait que l'Almâmy avait été conseillé de répondre ainsi. Pour cette raison, il voulait tester les chefs spirituels de Timbo. Il se tourna vers la foule et dit : " Assalaamu Alaikum eh mon yinbhé bhé kafoû dji tati ". Ce qui signifie "la paix soit avec vous, peuple des 3 K". Thierno Sâdou répondit : "Wa Alaikum Sallam Alhaji ehn. On tawoudou men eh Dâlî-dji tati kadi", ce qui signifie "Que la paix soit avec vous aussi Alhaji, vous nous avez rencontré avec les 3 D".

À partir de cet échange intellectuel, l'assemblée de Timbo était curieuse de connaître la signification des 3K et des 3D. Ils demandèrent à chacun d'entre eux de faire une exposition de leur déclaration. Alhaji Oumarou Tall dit à la foule que les trois K étaient : *Kâdjhé* (pierres), *Kôdjhé* (famine matinale) et *Kolndan* (manque de vêtements ou démodé). Thierno Sâdou répondit ensuite que ses propres trois D représentaient *Dîdé* (cours d'eau), *Dimhé* (fruits de différentes variétés) et *Dîna* (religion).

Thierno Sâdou déclara alors : "Nous avons effectivement des montagnes, mais vous avez ignoré ce dont Dieu a béni notre terre. Il nous a béni avec des rivières qui arrosent nos cultures, et nous avons des fruits de différentes variétés qui n'ont été plantés par personne d'autre que Dieu. Vous avez dit que nous avons faim ; nos femmes ne se lèvent pas tôt pour cuisiner ; c'est pourquoi vous avez l'impression que nous avons faim. Vous avez également dit que nous ne sommes pas à la mode, oui, parce que nous faisons nos vêtements. Nous créons nos vêtements à notre goût. Malgré tout cela, nous avons la forme la plus pure de l'Islam".

Alhaji Oumarou Tall reçut une parcelle de terre à Dinguiraye pour s'établir et lever une armée pour combattre les dirigeants de sa patrie. Il dit également à l'Almâmy de Timbo qu'avec sa permission, il était venu avec une supplique (wirdou) en vue de la propager au Fuuta Jaloo. Thierno Sâdou lui repondit que "la religion était complète dans le pays et que le peuple n'obéissait qu'à trois choses : la parole de Dieu, la parole du prophète et la parole du Sheikh le plus proche de l'Almâmy. En dehors de cela, le peuple n'avait pas besoin d'une forme supplémentaire de culte. Cependant, nous ne rejetterons pas ce que vous avez apporté. Vous êtes libre de le pratiquer, et si les gens sont convaincus, ils sont également libres de suivre votre idéologie". Cet échange rendit Alhaji Oumar Tall encore plus furieux et il se sentit démoralisé au Fuuta Jaloo.

Sur la base de la rencontre entre Thierno Sâdou et Alhaji Oumarou, les chanteurs de louanges rémunérés (*Farbâbhé*) du Fuuta Jaloo concoctèrent un événement fictif. Les Farbâbhé peuvent augmenter ou réduire l'histoire pour apaiser leur public. Selon eux, une nuit, Alhaji Oumar Tall fit un rêve dans lequel le Saint Prophète (S.A.W) lui apparut et lui dit de ne pas se mettre en colère ou de ne pas se décourager. La voix dit : "tu ne peux pas conquérir le Fuuta Jaloo intellectuellement. En ce moment, il y a 313 chefs spirituels qui y vivent. Tu es plus savant que les 300. Vous êtes à égalité avec les dix (10). Mais trois (3) sont plus savants que vous". Dans le rêve, Alhaji Oumar Tall demanda : "Qui sont ces trois (3) qui sont plus instruits que moi ? La voix répondit : "Ce sont Thierno Sâdou Mo Dalein, que tu as rencontré, Cheikh Ma'awiyata Maci, et Thierno Samba Mombeya".

Avant de partir pour Dinguiraye, il se rendit chez chacun de ces notables pour connaître leur capacité. Tout d'abord, il alla voir Thierno Sâdou Mo Dalein et lui dit qu'il venait pour lui dire au revoir, avant de se rendre à Dinguiraye.

Thierno Sâdou sut ce qui amena Alhaji Oumar Tall, puis le remercia et dit qu'il avait un serviteur non croyant. Il aimerait qu'Alhaji Oumar Tall lui fasse une faveur et écrive 41 fois la sourate Yassin et dissolve l'écriture dans l'eau, afin que le serviteur non-croyant puisse boire le nasi (mélange) et ne pas devenir un rebelle. En guise de paiement, il lui donnerait une dame. Alhaji Oumar Tall accepta l'offre. Il écrit et immergea le nasi dans l'eau, puis donna le contenu à l'un de ses étudiants pour qu'il le remette à Thierno Sâdou. En regardant le récipient contenant l'écriture dissoute, Thierno Sâdou dit : "En effet, le compte jusqu'à 40 est complet. Il n'y a eu aucune erreur, mais notre accord était de 41. S'il vous plaît, dites à votre maître d'ajouter le compte restant ou de me rendre mon cadeau. Dites-lui également que je sais qu'il est un chef spirituel extraordinaire, mais qu'il ne doit pas nous tester ici au Fuuta Jaloo". Lorsque l'élève d'Alhaji Oumar Tall revint avec le message, il savait que Thierno Sâdou Mo Dalein était plus compétent que lui.

Alhaji Oumar Tall se rendit ensuite chez le Cheikh à Maci un vendredi. Après la prière du vendredi, Alhaji Oumar Tall fit ses adieux au Cheikh. Le Sheikh lui répondit : "Ne vas-tu pas passer la nuit ici et savoir que je suis plus savant que toi ? Alhaji Oumar Tall eut l'air surpris, mais le Cheikh continua, "dans ton rêve, le Saint Prophète te parla de nous. Donc, tu as décidé de savoir ce que nous savons et que tu ne sais pas. J'étais dans ton rêve, mais tu ne m'as pas seulement vu". Alhaji Oumar Tall décida de dormir dans le village de Maci. La nuit, ils commencèrent à partager les difficultés rencontrées dans le processus d'apprentissage. Alhaji Oumar Tall raconta les défis auxquels il fit face lorsqu'il se rendait à la Mecque. Le Cheikh lui dit qu'il ne put obtenir l'éducation souhaitée. Cependant, il obtint la bénédiction de ses parents et celle de son maître. Le Cheikh dit, par la suite : "cette bénédiction seule te suffira dans ce monde". Étonné, Alhaji Oumar Tall dit au Sheikh : "Comment pouvez-vous dire que je n'ai pas reçu l'éducation désirée ? Le Cheikh répondit : "Tu te rendais à la Mecque et tu te débattais avec la navigation, le manque de nourriture et la fatigue du voyage entre deux villes saintes". Quant à moi, "plutôt que de faire toutes ces choses, c'est la maison sacrée qui me rencontre ici". Curieux, Alhaji Oumar demanda : "Comment cela peut-il arriver ?" À ce moment-là, le cheikh lui rétorqua de le rejoindre sur son tapis de prière. Ils firent tous deux envelopés d'une couverture. Bientôt, ils virent la Sainte Kaaba à la Mecque. Après cet incident, Alhaji Oumar Tall conclut en disant "s'il y a un paradis sur terre, il doit être au Fuuta Jaloo ".

Quant au troisième chef spirituel, Alhaji Oumar Tall arriva chez lui dans le village de Mombeya la nuit et ne se vit pas offrir le dîner par l'hôte. Thierno Samba, l'hôte avait l'intention de préparer un délicieux petit déjeuner pour son invité. L'invité, en colère, ne pouvait attendre le petit-déjeuner du matin. L'hôte lui expliqua qu'il n'avait pas offert le dîner, car dit-il : "lorsque vous êtes arrivé hier soir, il était tard, mes femmes dormaient déjà. Je n'avais pas besoin de les réveiller pour cuisiner pour vous, de peur qu'elles ne réveillent les voisins". Thierno Samba avait peur d'offenser ses femmes et ses voisins".

Bien que Thierno Samba ait donné la raison de l'absence de dîner, Alhaji Oumar Tall était toujours agacé. L'invité accuse donc son hôte d'avarice. Cette accusation rendit l'hôte furieux et une dispute éclata. Ils finirent par se maudire mutuellement : Alhaji Oumar maudit Thierno Samba Mombeya, en disant "tu es la dernière lignée de spiritualité dans ta famille". En représailles, Thierno Samba condamna également Alhaji Oumar Tall, en disant : "Il est de coutume de demander des bénédictions aux chefs spirituels, qu'ils soient vivants ou morts. Quant à vous, personne ne pourra vous enterrer et encore moins connaître votre tombe pour demander vos bénédictions quand vous serez mort".

J'ai ajouté cette histoire inventée pour montrer que le Fuuta Jaloo ne pouvait être conquis intellectuellement. La nation fut tombée aux mains des Français, à cause de sa désintégration interne.

Après avoir rencontré l'Almâmy de Timbo et les chefs religieux du Fuuta Jaloo, Alhaji Oumar Tall s'installa à Dinguiraye et établit sa Târîka Tidjania. C'est à Dinguiraye qu'il élabora les plans pour envahir le Fuuta Mâsina et établir l'empire précolonial Foulbhé : l'empire Toucouleur.

Oumar Tall construisit l'une des plus grandes mosquées du Fuuta Jaloo.

Les mosquées les plus importantes du Fuuta Jaloo sont celles d'Alhaji Oumar Tall à Dinguiraye, d'Alpha Mamadou Cellou (Karamako Alpha Mo Labé) à Labé, d'Alpha Ibrahîma Sambegou (Karamoko Alpha Mo Timbo) à Timbo, et celle de Fougoumba.

La mosquée de Dinguiraye photographiée en 1900. Le toit de chaume a été enlevé et reconstruit

La mosquée Dinguiraye a été rénovée pour refléter l'architecture du Moyen-Orient

La mosquée de Timbo photographiée en 1910. Le toit de chaume a été enlevé et reconstruit

La mosquée de Timbo a été rénovée pour refléter l'architecture du Moyen-Orient

La route principale qui mène à la mosquée de Timbo

L'environnement de la mosquée de Timbo

Chapitre XVIII

Thierno Samba et la littérature Foulbhé

Les érudits du Fuuta Jaloo étaient à l'avant-garde de l'éducation de la population. Ils ont étudié les lettres Adjami arabes et les ont utilisées pour adapter ces lettres à la spécificité de la langue Poular.

Aujourd'hui, le Coran est écrit et traduit dans beaucoup de langues des autochtones. C'est l'héritage de Thierno Samba Mombeya, qui, au début du XIXe siècle a écrit la littérature religieuse en Poular. Il a également été le premier à traduire le Coran dans ma langue maternelle.

Devant lui, les clercs se limitaient à des commentaires oraux du Coran. La communication à l'époque, par l'écriture de lettres, était purement en arabe. Ils ne traduisaient pas les mots arabes en Poular.

Thierno Samba a expliqué le but de traduire le Coran en Poular dans les premières lignes de'' l'Oogirde Malal '' (**la source du bonheur éternel**), une de ses célèbres œuvres littéraires. J'ai essayé de mon mieux de translittérer le poème en utilisant des caractères romains pour ceux qui ne sont pas familiers avec l'arabe.

الحمد لله رب العالمين

بسم الله الرحمن الرحيم

صلى الله على سيدنا محمد وعلى آل محمد وسلم

هذه قصيدة عجمية نظمها محمد بن سعيد التينلوي في

بلد الفوتة وسماها مفتاح السعادة فقال وبالله التو

فيق هي قرة غيرة وربّ معبود سواه

يَاجُمْرَ تَنْفَلْ عَلَّا حَالَ فَمِ رَلْ	جِيفِلْ صَغْفِرْ سِعِبَارِ مَلَلْ
إِوَفِلْ إِسَعِيدَ مُحَمَّدَ وَرَلْ	سِيبِيلَنْك لَبَجَلْ فَرَتَنْك لَرَلْ
مُنْتَبِنْك هُلْتَبْ بِلْشُقِ يَنْك	تَكَبَّ إِمَالِكِبَيْنَك مَتَلْ
مَلْبِتِنْ جُومَتِر فِنْدِرَلْ	يَعِّ جَلْ عِنْلَ طَبِيلَطَ بَمَلْ
مَلْبِتِنْ هَمُكُ هَالَ سَلَمْ	كُبْنُوتِبِ فَهَرَ تِنِ جَبُفَلْ
سِبِنُلَك كَهَالَمَغَى بَلُوتُوا	دَعْبُفَهِمِيمُ كُوعَا يِسِعَلْ
يَوْوِلْب تُتَنْدَ كَجَنَفِنِرِا	عَرِبِتَ بِلْتَ عِشِكَ تَفَلْ
تَوْفِيلَا إِنْشِجَّ إِكُوطِ دِرَلْ	يِنَّاوْ كَنْفَلْ مَاكُورَفَلْ
مَتَّلَبَ كَلَابِ كَيْنِشِجَّ عَلَا	إِمَغَى يَعْجِنَنْ سَلَمْ فَمِرَلْ
وَتِيسِرَيْتِ وَلُسِدَكَمَا يَسُورَا	سَبِبَ مَجَرَتَمَ خُوفِرَدَ مَلَلْ
وَتَذَرَ لَحَمَرَ دَارِ كَرَيْتَمَ كَعَ	سِكَ فُووجِبَ الْمُورَا عِبُولْ
بَلَ بِجَعَ عَتَلَفَى بَيَدَ جَعَمَ	يِبِ وَعَيْبَ يَعَ نِبِهَقَ دَوَلْ
فَى عَلَى وِعَمَ كَلَاكَ وَهَتَرَ	نَبَتَاهَى يَنْبِسَ عَوْ تَكَفَلْ

Oogirde Malal, un poème de Poular de Thierno Mouhammad Samba Mombeya

Ahamdulilaahi Rabbil-Aalaamina

Bismillaahi Rahmaani Rahiimi

Sallallahou alaa Sayeedina Mouhammadin wa aali Mouhammadin wa Sallama.
Haajihii gasiiratu Ajamiyyatoun Nnoujamahaa Mouhammadou ibnou Sa-eedi-
ssayilawiyu. Ahalil Maghribi wa Sammahaa Ma-a-dina Ssa-aadata. Faghaala
Wa billaahi-Tawfigh. Laa Rabba Khairahou. Wa laa Ma-a-buuda Siwaahou.

Yaa djom nanougol hedhoo haala gorel

Djiyaagel lo-u-ngel si a faala malal

Iwu-ngel eh Sa-eedu Mouhammadu wel

Seelenke lenhol Fuutanke laral

Mombenke hodhande eh Lash'ariyanke

Tokkabbhe eh Maalikiyanke dhatal

Midho yettira Djooma rewu-ni-ndiral

Yoh O djoulou eh Noulaadho yedhaadho bhoural

Midho djantora himmoudhi haala Poular

Ko no newouna faamou nanir djabhougol

Sabou neddho koo haala mu'oun newotoo

Nde o faaminiree ko wi'aa dhoo yh'ial

Yoga Foulbhé no tounda ko djanginiraa

Araabiyya bhe loutta eh sikkitagol

Tougiidho eh sikkeh eh koudheh dewal

Yonataa woni kongol maa kougal

Mo no dhabbha ko laabhi ko sikkeh alaa

E mou'un yoh or jangou poulardji gorel

Wota bhournito welsindodhaa yaworaa

Sabu madjjereh an Oogirde Malal

Wota ndartomi ndaaru ko rewtoumi ko'or

Si ko goohga jabhaa dhoworaa eh dewal

Bela djoo a dadhay nadjidoyeede eh mayibhe

wi'aibhe yo artireh houwa dewal

Ngehno on wi'a: "Kallaa, dhoun wadhataa

Nafataa han nimse e wullitagol"...

C'est le résumé du poème. Thierno Samba a commencé par faire l'éloge de Dieu, le créateur de l'humanité. Il a également loué le Saint Prophète. Il s'est présenté lui-même, sa lignée familiale et sa tribu. Il a dit qu'il était du village de Mombeya, et son école de pensée islamique était le chemin de l'imam Malik. Il a dit qu'il avait écrit le poème dans sa langue maternelle, espérant que les lecteurs le comprendraient pleinement et ne le contesteraient pas sur la base des lacunes du poème. Je l'ai cité à ce sujet : « parmi les Foulbhé, beaucoup de gens doutent de ce qu'ils lisent en arabe et restent donc dans un état d'incertitude. » Il a ajouté : « Je vais utiliser la langue Poular (langue) pour expliquer le dogme islamique (doctrine), pour faciliter leur compréhension : quand vous entendez ces instructions, acceptez-les ! Car seule votre langue vous permettra de comprendre ce que disent les textes originaux (écrits) », implorait-il de scruter ses paroles pour voir la vérité. Si c'est la vérité, ils ne devraient pas attendre qu'il soit trop tard pour mettre le travail en pratique. Qu'ils ne s'égarent pas et qu'ils expriment des regrets au-delà quand Dieu ne vous renvoie plus dans ce monde pour faire de bons oeuvres, et la culpabilité ne profiterait pas au coupable.

Thierno Samba a utilisé ce poème comme justification pour écrire le Coran en Poular. Il craignait que si les gens continuaient à apprendre seulement l'arabe, il y aurait un moment où ils pourraient perdre leur langue autochtone.

Le poème a également traité de divers sujets religieux au Fuuta Jaloo pendant son temps. Initialement, ses idées ont été sérieusement critiquées. Elhadj Oumar Tall faisait partie de ceux qui ont combattu avec véhémence l'initiative de Thierno Samba. Il s'est opposé au programme de traduction et a insisté pour que l'arabe soit la seule langue écrite pour les textes religieux. Malgré les différentes oppositions à la traduction du Coran et à l'écriture en Poular, le projet a gagné du terrain. À la fin du 19ème siècle, de nombreux chercheurs avaient adopté l'initiative de Thierno Samba et écrit de nombreuses œuvres littéraires en Poular en utilisant des lettres arabes.

Un tel érudit notable, Thierno Mouawiyatou Maci, a écrit un poème intitulé "Masiibo yanii yonii en, eeh ko yurmi!" (Le malheur nous a frappé. Hélas! Quelle tristesse!). Un autre auteur, Thierno Mamadou Loudha de Dalaba, qui appartenait à une célèbre lignée de walîyou (Saints), a également écrit de nombreux livres tels que Tafsiirul-Qur'an (Traduction du Coran) en Poular. Dans un de ses poèmes, Thierno Mamadou a souligné la nécessité d'utiliser le Poular dans l'enseignement du Saint Coran.

Après la chute du Fuuta Jaloo, des chercheurs comme mon grand-père ont documenté des cas de souffrance communautaire, d'abord aux mains des collaborateurs français, puis au début de la famine et du travail forcé. J'ai étudié les œuvres de Thierno Abdouhamane Bah de Labé, fils de Thierno Aliou Boubha Ndian, un walîyou notable du Fuuta Jaloo et un éminent érudit du 19ème siècle, qui a servi aussi comme juge en chef de Labé. Dans son poème intitulé '' Fuuta hettii Bhouttou'' (le Fuuta a obtenu la paix), un hymne à la paix au Fuuta Jaloo écrit en 1947, il décrit les souffrances du peuple en Guinée. Il fait également l'éloge des généraux alliés qui ont détruit le pouvoir d'Hitler en Europe dans le même poème. Son poème connut un succès retentissant; les tâlibâbhé (érudit savants musulmans) de l'époque en reproduisirent plusieurs exemplaires et le récitaient chaque semaine à des foules rassemblées en groupes pour écouter aux marchés du Fuuta Jaloo. J'ai extrait quelques lignes qui documentaient les souffrances des gens pendant le colonialisme :

Rappelez-vous le taraudage en caoutchouc et la
souffrance qu'il a apporté qui a détruit les liens
familiaux et les couples?
Si on avait une vache, on en vendait une partie
Le reste va aux impôts.
Ou se rappeler du Sénégal et comment ils étaient
impérieux, forçant les gens à aller à leurs morts

Thierno Abdourahmane a également apaisé la population en écrivant sur les merveilles de la nature et celles de la vie rurale du Fuuta Jaloo. En louant le Fuuta Jaloo, il a écrit :

ces rivières qui coulent avec des cascades,
ces arbres féconds et leurs fruits rendus si doux,
la beauté des vallées et des montagnes éternelles

Les thèmes sur la beauté du Fuuta Jaloo sont visibles dans tous ses poèmes écrits dans les années 1970. Malgré les souffrances des gens pendant la Seconde Guerre mondiale, il a écrit sur les merveilles du progrès technologique. Dans son poème ''Kaaweeji jamaanou hannde'' (Les merveilles de notre temps), écrit peu après l'indépendance guinéenne, il a célébré les innovations modernes telles que les avions, les ponts, les routes, les nouvelles maisons, et même l'atterrissage sur la lune. Il a également écrit un poème politique intitulé'' Amicale Koh faabo '' (Amicale est un sauvetage). Ce poème suscite un grand enthousiasme chez les jeunes, mais une grande indignation chez les anciens et les chefs régionaux qui tentent de combattre l'Amicale Gilbert Vieillard, l'administrateur envoyé par les colonisateurs français. Dans l'introduction du poème de ''l'Amicale koh faabo'', il a écrit ces mots significatifs :

Ce n'est pas parce que je ne connais pas l'arabe que
Je compose des poèmes en Poular,
mais parce que le Pular est ce que tout le monde entend
et comprend. Et parce que le Poular est la langue, que
Je préfère mieux que les autres.

Il voulait établir un lien entre les Foulbhé du Fuuta Jaloo et l'Amicale Gilbert Vieillard. L'extrait suivant est une traduction du poème, Amicale Koh Faabo :

Si l'Amicale vivait, il aurait un bienfait
sur notre pays, utile pour
notre peuple, avantageux pour les croyants,

bien au-delà de leurs espérances.

Amicale est un soleil qui s'est levé grâce à Dieu

sur notre pays.

Qu'il nous éclaire.

Rassemblons-nous et ne nous disperserons plus jamais !

Les Foulbhé, hélas! ont été anéantis pendant de nombreuses années. Ils

ont été conduits comme des animaux, exploités pour satisfaire tous les

besoins, montant et descendant sans savoir pourquoi!

Aucun de nous n'a été consulté sur ce qu'il devait faire.

Et maintenant le Seigneur Tout-Puissant (Allah)

vient à notre secours par l'intermédiaire de l'Amicale.

Il a répondu en notre nom quand on a appelé.

Parmi toutes les nations si nombreuses dans le monde,

nous avons été choisis :

Nous sommes le peuple noir, qui travaille dur,

et nos contributions sont à peine connues

Chapitre XIX

Début de la fin de Fuuta Jaloo

Les marchands français ont commencé à faire le commerce dans certaines parties de la côte ouest-africaine vers le 17ème siècle. En 1685, une compagnie appelée « Compagnie de Guinée » obtint des privilèges commerciaux exclusifs de Louis XIV (le souverain français) pour une grande partie de la région côtière guinéenne.

Depuis la fondation du Fuuta Jaloo en 1725, certaines parties de cette région côtière abritant les marchands français, notamment les préfectures de Boké et de Dubréka, faisaient partie du Fuuta Jaloo.

Les Almâmys du Fuuta Jaloo ont cédé cette partie de leurs terres après une longue période de guerre froide. En 1881, l'administrateur français et l'Almâmy de Timbo signèrent pour la première fois un traité de paix et de pacte commercial. Le traité stipulait que la France devait payer à Timbo la somme de 10000 francs en loyer de surface et en impôt. En échange, l'Almâmy de Timbo fournirait la sécurité et l'assurance que les marchands français et leurs biens sont protégés une fois sur le territoire du Fuuta Jaloo. Les représentants des deux parties étaient Almâmy Ibrahîma Sory Doghol Félâ de Timbo et le Dr Bayol au nom du Gouverneur général français dont le siège est à Dakar, au Sénégal.

Le traité a été rédigé du 5 au 14 juillet 1881 et a été signé. Avec la signature du traité, la France a obtenu la liberté de commerce au Fuuta Jaloo et la protection garantie par Timbo. Cependant, au fil des années, l'Almâmy de Timbo a remarqué que les Français échappaient à l'impôt. Ils ne respectaient pas non plus la disposition de 1881 contre la contrebande. Ces incidents ont conduit Almâmy Boubacar Biro à signer un nouveau pacte commercial avec les

Britaniques qui avaient pris de l'espace en Sierra Leone. Les Britaniques ont tenu leurs promesses en payant les taxes convenues à Timbo et n'ont pas entrepris la contrebande de marchandises.

Almâmy Ibrahîma Sory Doghol Félâ, le 12ème Almâmy du Fuuta Jaloo. Il a d'abord signé un traité commercial avec les Français

Le Fuuta Jaloo était devenue le joyau de la couronne de tous les empires que les Français désiraient en Afrique de l'Ouest parce qu'ils avaient conquis tous les royaumes environnants. Almâmy Boubacar Biro, dans l'un de ses derniers discours avant la bataille de Pôredâka, avait regretté de ne pas avoir aidé Ahmadou Sekou (Segou) de Mâsina pendant l'invasion française. Il avait aussi ignoré la lettre de collaboration de Samory dans la lutte contre l'impérialisme. Samory, en plus d'Ahmadou Segou, avait écrit aux Almâmys de Timbo, leur disant qu'ils étaient à court de munitions. Ils ont exhorté Timbo à joindre les mains avec Bissandougou et Segou et se battre pour sauver leur peuple de l'invasion caucasienne. Cependant, Timbo ne pouvait pas donner une réponse affirmative autre que la poursuite de leur pacte commercial actuel, des humains pour la poudre à canon.

La raison de ne pas collaborer avec les dirigeants voisins était la lutte de pouvoir au Fuuta Jaloo. Almâmy Boubacar Biro se battait pour consolider son pouvoir à Timbo. La manière dont il est monté sur le trône était sans précédent au Fuuta Jaloo. Lui et son frère aîné, Alpha Mamadou Paté, un favori des Français, avaient contesté le siège vacant à Timbo après la disparition de leur oncle, Almâmy Ibrahîma Sori Doghol Fehlaa.

Alpha Mamadou Paté était mieux placé pour la succession parce qu'il s'entraînait depuis longtemps pour l'Imâmat. Les ainés des conseils (Maoubhé Tékoundjidhin) voulaient qu'il dirige, alors ils l'ont élu en tant que Almâmy comme la constitution a dicté à Bhouriâ. Boubacar Biro, d'autre part, était aimé par les jeunes dont la majorité constituait l'armée du Fuuta Jaloo à l'époque. Ainsi, quand il a été alerté de l'élection de son frère aîné à Bhouriâ, il a prit ses troupes et il est allé à Fougoumba. Sur le chemin, il a croisé Alpha Ibrahîma Fougoumba, le juge en chef et le gouverneur de Fougoumba. Qui allait à Bhouriâ pour aider à la cérémonie confirmant Alpha Mamadou Paté comme Almâmy. Boubacar Biro a ordonné à ses troupes de forcer Alpha Ibrahîma Fougoumba à revenir, exigeant que le juge en chef fasse une cérémonie de prestation de serment annonçant immédiatement qu'il était l'Almâmy de Timbo. Alpha Ibrahîma Fougoumba n'a pas pu s'opposer à la demande de Boubacar Biro. Ils sont allés à Fougoumba et ils sont arrivés au village la nuit. C'était une loi au

Fuuta Jaloo que les hommes armés ne devraient jamais rentrer dans la ville par respect pour la grande mosquée et la première maison ancestrale d'Almâmy.

Par conséquent, les soldats de Boubacar Biro ont pris des positions défensives à l'extérieur du village pendant que lui et certains de ses collaborateurs de confiance se rendaient dans la ville et occupaient la maison où le turban était enroulé sur sa tête.

Deux choses étranges ont pris l'Imamât du Fuuta Jaloo au dépourvu. Habituellement, l'Almâmy était sélectionné à Bhouriâ et couronné à Fougoumba. Dans ce cas, il y a eu l'élection d'une personne à Bhouriâ et le couronnement d'une autre personne à Fougoumba. C'est ainsi que le Fuuta Jaloo a obtenu deux Almâmys de la même famille dirigeante en même temps pour la première fois. Après avoir appris que son frère cadet avait été couronné à Fougoumba, Alpha Mamadou Paté a quitté Bhouriâ avec ses soldats et a tendu une embuscade pour son frère à un endroit appelé « Pitahoi Tabaldé » à mi-chemin entre Timbo et Fougoumba. Les espions du frère cadet l'ont informé de l'embuscade de son frère aîné, alors il a manœuvré et contourné Pitahoi Tabaldé et, par conséquent, a attaqué son frère aîné du flanc arrière de Timbo. Les deux armées ont combattu, et Almâmy Boubacar Biro a battu son frère aîné.

(Almâmy) Alpha Mamadou Paté élu à juste titre Almâmy de Fuuta Jaloo mais a été tué par son frère cadet Almâmy Boubacar Biro

Après sa défaite, (Almâmy) Alpha Mamadou Paté s'est enfui et s'est réfugié dans une cabane de ferme à proximité. C'est là que les fantassins de son jeune frère l'ont attrapé et exécuté. Ils lui ont coupé la tête. Quand Almâmy Boubacar Biro a vu le corps décapité de son frère aîné, il s'est agenouillé à côté et a pleuré. Ses collaborateurs l'ont entendu dire : « Il est impossible que le

Fuuta Jaloo connaisse la paix après cet incident. Je sais que mes autres frères et sœurs n'auront jamais de repos tant qu'ils n'auront pas vengé cette mort. L'hostilité dans la maison de mon père continuera de s'intensifier. » Comme il l'avait prédit, ses autres frères ne se sont jamais reposés jusqu'à ce qu'ils le tuent.

Pendant la période de féodalisme au Fuuta Jaloo, une détermination farouche a rempli le cœur de toute personne susceptible de faire un Almâmy. Chaque candidat était l'ennemi juré du chef (que ce soit son père, son fils ou son frère) en fonction. Plus d'une fois, ceux qui ont eu la chance d'hériter du pouvoir n'ont pas hésité à accélérer leur ascension sur le trône par tous les moyens nécessaires (rituels, magiques, voire simplement des crimes communs).

En collaboration avec les partisans d'Alpha Mamadou Paté, les gouverneurs des États (dirigés par Labé et Fougoumba) ont mobilisé l'armée à deux reprises pour combattre Boubacar Biro. D'abord à Bantighel, où ils ont déposé Boubacar Biro, qui a fui à Kébou.

Kébou a été désigné comme un endroit où l'on peut demander l'asile et être en sécurité par la suite. Pendant la guerre ou tout autre incident qui menaçait sa vie, si cette personne parvenait à atteindre Kébou, même l'Almâmy du Fuuta Jaloo ne tenterait pas d'extrader la personne parce que l'amnistie était assurée dans ce refuge.

Lorsque Boubacar Biro s'enfuit, son frère cadet Abdoulaye Dhookiré fut couronné Almâmy et il régna brièvement. Boubacar Biro est revenu de Kébou avec une armée pour reprendre son autorité et a combattu l'une des batailles les plus sanglantes du Fuuta Jaloo à « Petel Djiga ». Cependant, après la victoire à Petel Djiga, il n'a pas tué immédiatement son frère cadet, Abdoulaye Dhookiré. Cependant, des espions et des traîtres de son entourage ont plus tard comploté et tué Abdoulaye Dhookiré pour compliquer les relations de Boubacar Biro avec ses électeurs et d'autres frères.

Site du champ de bataille de Petel Djiga autrement appelé "Bôwall Soumbalakô"

Pendant le conflit interne au Fuuta Jaloo, les Français avaient conquis les royaumes de Bambara et de Wolof au Mali et au Sénégal, respectivement. Ils se concentrerent maintenant sur l'invasion du Fuuta Jaloo, leur cible principale. Ils ont envoyé de nombreux espions déguisés en artisans de paix aux diverses fractions entre Almâmy Boubacar Biro et ses frères. Cependant, leurs messages privés aux familles laisées ayant droit au trône étaient : « Nous avons un ennemi commun à Almâmy Boubacar Biro, aidez-nous à le vaincre et travaillons ensemble. Lorsqu'il sera défait, nous vous permettrons de gouverner le pays comme bon vous semble.» Les disciples du défunt Alpha Mamadou Paté (étant un favori des Français avant sa mort), ont été captivés par ce message et d'abord secrètement en connivence avec les Français, mais plus tard publiquement montré allégeance aux Français pour éliminer Almâmy Boubacar Biro.

Avant que les Français puissent exécuter leur plan, un profond désaccord a éclaté au Fuuta Jaloo. Craignant que la terre ne tombe sous le colonialisme français, Almâmy Boubacar Biro a refusé de remettre le pouvoir à Oumar Bâdemba, le candidat élu d'Alphayâ pour remplacer le défunt Almâmy Ahmadou Dâra. Sans frustration, l'Almâmy élu, Oumar Bâdemba (Alphayâ) s'est associé avec Sory Yilili (Soriyâ le rival approprié), Alpha Yayâ (governeur de Labé), et Alpha Ibrahîma Fougoumba (le gouverneur de Fougoumba) et a cherché l'aide des français pour détronner Almâmy Boubacar Biro.

En 1893, le colonel Bonnier, commandant supérieur en poste au Mali, propose un plan d'action conjoint pour occuper le Fuuta Jaloo. A cette époque, Alpha Yayâ, le gouverneur de Labé, était le chef de la ville de Kâdé. Lui-même et Almâmy Boubacar Sâda, le souverain de Bhoundu, grâce aux instructions de Timbo, étaient les principales forces empêchant les incursions françaises dans le Fuuta Jaloo depuis le Firdou voisin dans la région de la Haute-Casamance au Sénégal, et Mâsina, au Mali.

Sory Yilili s'est rendu à Siguiri pour négocier avec le bastion français et a ensuite écrit des lettres au gouverneur général français de Dakar, qui, après consultation avec Paris, a estimé que le temps était venu de déstabiliser le Fuuta Jaloo. Avant d'aller au Fuuta Jaloo, ils avaient commencé à combattre Almâmy Samory du royaume mandingue de Wassoulou. L'armée française a été mobilisée des régions conquises de Bambara au Mali pour combattre Almâmy Boubacar Biro à Pôredâka. Les troupes du Fuuta Jaloo ont refusé de marcher derrière leur Almâmy.

Quand il est devenu évident que la guerre était imminente, Almâmy Boubacar Biro a appelé tous les neuf Dîwé à envoyer des troupes pour l'accompagner à Pôredâka pour affronter l'artillerie française avec des fusiliers bambaras. Quand Labé, l'État le plus puissant, refusa d'envoyer des troupes, il comprit qu'il avait été trahi. Il a maudit le Fuuta Jaloo en disant : « Eh Fuuta! On saliké arougol *Pohredaaka*, kono mihaalanai-on, nyandeh goh on yahai *daaka* pohré", (qui signifie, "Oh Fuuta! Vous avez refusé de venir à Pôredâka , je vous dit, un jour vous irez à Daakhaporeh" ou site de travail forcé pour récolter le caoutchouc). Daakapohreh signifie être voisin des arbres à caoutchouc. Pôredâka était célèbre pour les arbres qui ont été utilisés pour le taraudage de caoutchouc.

Dans sa colère, Boubacar Biro a dit qu'il avait consacré son service et toute sa vie à la république. Son motif pour ne pas partager le pouvoir avec des individus indulgents aux français était pour préserver la terre de ses ancêtres qui ont versé le sang pour ne pas désintégrer le pays.

Il a été battu à Pôredâka et a fait de la terre un témoin de sa trahison.

Les collaborateurs français avaient l'impression erronée qu'en trahissant Boubacar Biro, ils amélioraient leurs moyens de subsistance. Mais les collaborateurs ont réalisé plus tard la gravité de leurs actions.

Almâmy Boubacar Biro, le dernier traditionnellement couronné de Fuuta Jaloo qui a refusé de céder le pouvoir

Alpha Yayâ Diallo, gouverneur de Labé. Il connut avec Sory Yilili et Oumar Bâdemba pour inviter les Français à déposer Almâmy Boubacar Biro

Almâmy Oumar Bâdemba (Alphayâ). Il était l'un des gens qui ont invité l'artillerie française au Fuuta Jaloo

Sur le cheval, est Almâmy SoryYilili (Soriyâ). Il était l'un des gens qui ont invité l'artillerie française au Fuuta Jaloo

Almâmy Sory Yilili sur le chemin de Timbo après son couronnement

Alpha Ibrahîma Fougoumba, le gouverneur de Fougoumba. Il a soutenu Alpha Yayâ, Sory Yilili et Oumar Bâdemba dans leur quête pour inviter l'artillerie française

Chapitre XX

Fin des Collaborateurs des Français

Après la bataille de Pôredâka, les Fraçais ont conjointement installé deux Almâmys de façon concurentielle : Almâmy Sory Yilili (Soriyâ) et Almâmy Oumar Bâdemba (Alphayâ). Après leur installation en 1897, ils signent un traité de protectorat avec les Français. Peu après leur couronnement, les nouveaux Almâmys de Timbo, Alpha Yayâ et Alpha Ibrahîma Fougoumba, leurs alliés dans le pays, se sont rendu compte que le colon n'avait pas l'intention de maintenir l'accord.

Les Français avaient promis à Alpha Yayâ en particulier avant de rejoindre l'insurrection pour usurper le pouvoir de Boubacar Biro, que Labé serait une nation indépendante. Cependant, plutôt que de lui accorder l'indépendance du Fuuta Jaloo, la France a parrainé son principal rival, Mousa Môlo, le souverain de Firdou (dans l'actuelle Casamance, Sénégal), pour attaquer sans cesse Labé et reprendre des parcelles de terre. Le stratagème devint bientôt plus clair pour les Almâmys, car ils se rendirent compte qu'ils n'étaient que des têtes « cérémonielles ».

Je pense que c'était de la naïveté de la part des collaborateurs des français de croire qu'ils auraient pu les manipuler après avoir sollicité leur appui pour renverser l'administration traditionnelle de Timbo. Les précédents Almâmys (de Almâmy Ibrahîma Sory Doghol Félâ à Almâmy Boubacar Biro) avait parlé de la trahison française pour ne pas avoir respecté les traités signés depuis 1881. Chaque fois que les Français reniaient, ils renégociaient un nouveau traité, exilaient les anciens représentants (Ambassadeurs) français a Timbo et amenaient de nouveaux envoyés. Les alliés français, Almâmy Sory Yilili, Almâmy Oumar Bâdemba, Alpha Yayâ et Alpha Ibrahîma Fougoumba, le savaient.

Il est à noter que Almâmy Boubacar Biro du Fuuta Jaloo et Samory de l'empire Wassoulou avait un plan typique pour garder les Français à distance de leurs domaines respectifs. Au plus fort de sa résistance, Samory vendait souvent ses sofas (esclaves) à Timbo en échange de munitions et de bétail contre de la nourriture. De Beckman, le représentant Français à Timbo le savait. Dogomet, une sous-préfecture de Dabola en Guinée, où mon père s'est installé après son retour de la Sierra Leone, était l'un de ces marchés où Samory envoyait souvent ses canapés en échange de poudre. L'autre endroit était Saramousaya, une sous-préfecture de la ville de Mamou. Cela explique l'utilisation de noms de famille mandingues comme Cissé, Sacko, Condé, Keita, Doumbouya, Kouyaté, Touré entre autres dans le Fuuta Jaloo. La relation cordiale entre le Fuuta Jaloo et Wassouloun a commencé sous le règne d'Almâmy Oumar, le père de Boubacar Biro. Les colonialistes français désapprouvent leur relation.

Quand il est devenu évident pour Timbo que les Français avaient consolidé le pouvoir au Mali et fini avec Samory, ils, accélèrent les moyens d'expulser les Français du Fuuta Jaloo mais il était trop tard. Les Français avaient une longueur d'avance sur eux. Après la chute de Mâsina et la bataille de Pôredâka, la France avait installé des espions au Fuuta Jaloo et dans les villes voisines du domaine de Samory à Kouroussa, Dinguiraye et Siguiri. Les espions transmettaient secrètement les communications entre Samory et l'Almâmy de Timbo aux Français.

Après la chute de Samory, des lettres de correspondance entre lui et le Fuuta Jaloo ont été déterrées. La dernière lettre d'Almâmy Oumar Bâdemba était un cadeau parce qu'il était l'une des personnes qui avaient envoyé son fils aîné à Boké pour demander l'aide des Français pour évincer Boubacar Biro. Cette lettre donnait aux Français une raison d'avancer leur mobile de longue date : occuper et désintégrer la République théocratique du Fuuta Jaloo.

Ils ont aliéné Timbo, la capitale et leurs soi-disant alliés dans le pays. Plus tard, ils ont déménagé les deux maisons dirigeantes d'Almâmys, Soriyâ et Alphayâ, à Dabola et Mamou, respectivement. Les Almâmys ont résisté à la délocalisation mais n'ont pas réussi. En 1898, le traité signé pour faire du Fuuta Jaloo un protectorat des Français a été annulé. Ainsi, le Fuuta Jaloo est devenu une colonie à part entière et a été intégré au territoire de l'Afrique de l'Ouest Française appelé « Les Rivières du Sud », qui est devenue plus tard la République de Guinée.

Le chaos massif et la pauvreté ont suivi dans la terre après avoir annulé le protectorat du Fuuta Jaloo. Tous ceux qui ont invité les Français au Fuuta ont été emprisonnés pour de fausses accusations, exilés ou tués.

Alpha Ibrahîma Fougoumba, par exemple, a été impliqué dans le sabotage de la règle française. Il a été accusé d'avoir ouvertement encouragé l'insurrection pendant les sermons du vendredi à Fougoumba. Lorsqu'il a été jugé et déclaré coupable, on lui a demandé de nommer ses collaborateurs, mais il a refusé et a insisté pour qu'il agisse seul. Dans le but de l'intimider, on l'a emmené dans un endroit à l'extérieur du canton et on lui a demandé de creuser sa propre tombe. Après avoir creusé la tombe, le juge lui a conseillé de rentrer chez lui et d'attendre la date de sa sentence, mais il a refusé et plutôt que de rentrer chez lui, il s'est couché dans sa tombe et a dit qu'ils feraient mieux de le rencontrer à la date de la sentence. Voyant cela, le juge français a ordonné qu'il soit abattu dans la tombe depuis qu'il a refusé la date d'invitation à la peine.

Almâmy Sory Yilili, n'a pas vécu assez longtemps après la bataille de Pôredâka. Il a été pris en embuscade par l'un des plus jeunes frères d'Almâmy Boubacar Biro, Thierno Siré. C'est le commandant De Beckman, le premier administrateur français de Timbo après Pôredâka, qui a donné des détails sur l'itinéraire d'Almâmy Sory Yilili à Thierrno Siré et ses alliés. Almâmy Sory Yilili a été tué et sa tête coupée et donnée à De Beckman.

Après avoir appris la mort de leur père, les enfants d'Almâmy Sory Yilili se sont rendus auprès De Beckman pour porter plainte et ont juré de venger la mort de leur père. De Beckmann ne tarda pas à leur dire que Thierrnor Siré et ses autres frères étaient les meurtriers. Les enfants d'Almâmy Sory Yilili se sont aussi vengés de Thierno Siré et des autres.

Almâmy Oumar Bâdemba, après avoir réalisé la gravité d'inviter les Français, a choisi de ne pas profaner le sol sur la terre de ses ancêtres en se retirant de Timbo pour son village natal de Dâra. Il a ensuite donné sa vie à la prière et au jeûne en isolement jusqu'à la mort. Néanmoins, les Français l'ont toujours assigné à résidence.

Alpha Yayâ a essayé d'organiser une révolte armée contre la France mais a échoué et ce fut la derniere révolte organisée. Au début, lui et les Français étaient en bons termes jusqu'à ce qu'un désaccord les mette à rude épreuve. Les mesures prises par la France pour couper une partie massive de Labé et la donner aux Portugais ont surpassé la relation au-delà de la réparation.

La partie dite est devenue partie de la Guinée-Bissau, une action qui a été désapprouvée par Alpha Yayâ parce qu'il a vu l'action comme une trahison. Il a immédiatement commencé à envoyer des messages à d'autres gouverneurs sur la façon d'organiser une résistance et d'expulser « ces gens malhonnêtes ». Une de ses lettres était adressée à Almâmy Oumar Bâdemba mais ce dernier était déjà sous surveillance. Il ne pouvait pas aider Alpha Yayâ, son ami. Seul le gouverneur de Timbi, Thierno Ibrahîma, a accepté de combattre les Français aux côtés d'Alpha Yayâ. Alpha Yayâ et Thierno Ibrahîma Timbi ont ensuite mobilisé tous les saints savants (Waliyous) de Fuuta Jaloo et leur ont expliqué leur intention. Ils leur ont donné leurs bénédictions.

Alpha Yayâ a commencé à mobiliser des fonds de tous les habitants du Fuuta Jaloo et les citoyens ont massivement contribué. Après avoir obtenu la somme nécessaire pour combattre les Français, Alpha Yayâ est allé voir les Britanniques et les Portugais et a signé un traité. Cela s'est avéré être une erreur de jugement parce que ce qu'Alpha Yayâ n'a pas réalisé que l'Afrique avait été divisée à la Conférence de Berlin de 1884 entre les pays européens. L'un des traités de la Conférence de Berlin était qu'aucun autre gouvernement européen n'interviendrait là où un pays frère avait établi un intérêt.

Les autorités françaises ont appris de leurs homologues soit par les Britanniques ou les Portugais la révolution prévue par Alpha Yayâ. La France a donc conçu un plan pour capturer Alpha Yayâ et l'exiler du Fuuta Jaloo et affaiblir son emprise ou son influence. Il a été attiré par la ruse de quitter Labé pour Dakar (avec ses épouses et quelques conseillers) et expulsé au Dahomey (l'actuelle République du Bénin) pendant cinq ans. Mais avant de l'emmener au Dahomey, le gouverneur français de Dakar a dit à Alpha Yayâ qu'un décret avait été émis à Paris déclarant qu'Alpha Yayâ n'était plus gouverneur de Labé. De Dakar, ils l'emmenèrent à la maison des esclaves de Goré pour attendre le bateau au Dahomey.

Après cinq ans d'exil, Alpha Yayâ est retourné à Conakry, mais les autorités Françaises l'on considéré persona non-gratta et lui ont dit qu'il n'était pas le bienvenu à Labé, sauf s'il a signé ou prêté serment de ne jamais se rebeller contre la France et ses intérêts; qu'il n'irait jamais dans un territoire qui n'était pas contrôlé par la France ; et qu'il devrait abandonner tous ses serviteurs et son or. Alpha Yayâ n'a jamais pensé que la France pourrait le soumettre à un traitement aussi indécent et humiliant. A contrecoeur, il a signé le serment.

Les Français savaient qu'Alpha Yayâ ne voulait pas signer le serment, mais ils avaient décidé de le piéger. Après avoir signé le sceau du serment, Alpha Yayâ a fait plusieurs sacrifices à Dieu pour ne pas être puni pour ses méfaits parce qu'il avait l'intention d'aller à l'encontre de toutes les choses que le serment stipulait.

Peu après, Alpha Yayâ a revisité la résistance. Il a écrit à Thierno Aliou Bouba Ndiyan et au Waliyou de Gomba pour obtenir de l'aide dans cette quête. Il envoya chercher de l'aide dans toute la sous-région. Les Français connaissaient ses plans, se taisaient et lui permettaient de s'impliquer pleinement. Il savait qu'il était sous surveillance à Conakry, mais il ne savait pas que des espions étaient intégrés dans sa maison. Alpha Yayâ a prévu de déclencher des guerres dans de multiples endroits afin qu'il puisse échapper à Conakry et aller à Labé.

Une fois l'étendue de ses plans connue, les Français décidèrent de ne pas les abandonner en lui posant un autre piège. Parmi ses plans figurait l'achat de poudre à canon et l'instruction aux forgerons du Fuuta Jaloo de fabriquer des fusils. Les espions au sein du cercle intime d'Alpha Yayâ lui ont conseillé d'écrire au gouverneur de Dakar pour demander de la poudre à canon pour chasser les animaux sauvages de sa ferme au Fuuta Jaloo. Son conseiller principal, Modi Oumar Koumba, lui a dit qu'un tel conseil était un piège, mais Modi Aguibou, son fils, l'a convaincu d'utiliser le conseil. Il écrivit ensuite la lettre à Williams Ponty, gouverneur Français de Dakar.

Le gouverneur a présenté la lettre comme preuve corroborant la formation d'une rébellion au Fuuta Jaloo dirigée par Alpha Yayâ. L'autorité française a d'abord attrapé Modi Oumar Koumba et l'a condamné à dix ans de prison. Ils ont ensuite attrapé Alpha Yayâ et son fils, Modi Aguibou, et les ont emmenés en Mauritanie.

Dans le même temps, des mesures ont été prises pour liquider plusieurs clercs (Karamokôhbhé) dont on craignait l'influence pour prendre le relais de celle de l'aristocratie traditionnelle. Karamoko Sankoun (descendant de Karamba) et Ba Gassama de Touba ont été arrêtés. Une tentative a été faite pour arrêter le saint (waliiyou) de Gomba, cependant, l'effort a échoué. Le Waliyou avait échappé à la Sierra Leone. Le détachement responsable de l'opération a été anéanti à Gomba. En représailles, la région de Gomba a été réprimée par un régiment Français spécial. Les propriétés du clan Foulbhé, Djakhanké Gassama et de Gomba ont été confisquées. Le waliyou, réfugié en Sierra Leone, a été extradé, emprisonné à la prison de Fotoba et condamné à mort. Il est mort en prison, avant la date fixée pour son exécution.

Ces évènements (arrestation, assassinat et exécution de tous ceux perçus comme anti-Français) ont détruit tous les espoirs et les aspirations de la résistance française au Fuuta Jaloo. Comme tous les efforts d'insurrection armée se sont avérés futiles, les gens se sont tournés vers la littérature pour dénoncer l'occupation Française tout en faisant l'éloge des héros du passé.

Chapitre XXI

Subdivision et Perception

Les Français se sont délibérément liés d'amitié avec les familles indigèes, en particulier les puissantes familles dirigeantes, pour ensuite se retourner contre ces familles. Par ce stratagème, ils projettent une ombre de peur et de tromperie au Fuuta Jaloo. Ils ont utilisé des tactiques de division et de domination.

Lorsque la langue française a été introduite comme moyen de communication et d'apprentissage, beaucoup de gens ont refusé d'envoyer leurs enfants à l'école française.

Les habitants du Fuuta Jaloo voyaient dans ce refus un moyen de protester contre l'occupation française de leurs terres. C'est pourquoi mes grands-pères, mes grands-mères, mon père et ma mère ne sont pas allés à l'école française comme beaucoup d'autres à leur époque, ils ont plutôt appris le Coran comme on l'enseignait traditionnellement.

Lorsque j'étudiais en Sierra Leone, mon père, qui est retourné en Guinée au début de la guerre civile sierra-léonaise, a souvent écrit des lettres à mon frère aîné, Ibrahim Jalloh à Bo Town, en Poular, en utilisant l'alphabet arabe. Par conséquent, de nombreuses familles Foulbhé ont transmis des messages en Poular en utilisant la même méthode avant l'avènement du téléphone.

Les colons ont institué des règles strictes telles que le travail forcé et l'imposition, l'emprisonnement et le meurtre de certains des hommes saints restants (religieux musulmans et Waliyous) sur des accusations inventées de toutes pièces pour avoir collaboré avec Alpha Yayâ. Ils ont encouragé la confrontation au sein des maisons dirigeantes des élites, ce qui les a fait s'entretuer.

Ils nommèrent des sycophantes de la communauté à des postes de pouvoir et rendirent le rôle de l'Almâmy et celui des gouverneurs d'État impuissants. Le chaos et la pauvreté remplissaient la terre. Les sycophantes de la communauté nommés à des postes d'autorité par les Français ont envoyé leurs enfants dans les écoles françaises et le Fuuta Jaloo est alors devenu plus divisé.

Par l'écriture et les sermons du vendredi, les chefs religieux ont tenté de contenir et d'empêcher l'influence croissante des Français, cependant, l'attraction à la richesse matérielle et la détermination des Français à imposer leur sociale, le système économique et politique a forcé Fuuta Jaloo à devenir accommodant. De 1906, lorsque la France a retiré Timbo de la capitale de Fuuta Jaloo, en 1913, lorsque l'administration économique et politique directe est devenue une réalité, l'influence française a lentement envahi la communauté par les écoles, la langue et la culture françaises.

Le système social du Fuuta Jaloo est devenu plus occidental. Quelques citoyens se sont alliés à la France pour les privilèges qui l'accompagnaient et pour protéger leur statut. Ceux qui ne pouvaient pas s'associer aux Français étaient perçus comme des ennemis et devaient continuer à s'épuiser. Les produits, l'argent et les techniques européens sont devenus de plus en plus acceptables. Le Fuuta Jaloo a finalement perdu sa pureté et sa souveraineté. Il est vite devenu évident que le colonialisme s'était solidement implanté parce que ceux qui ne s'étaient pas exilés dans les pays voisins ont commencé à envoyer leurs enfants à l'école française. Beaucoup de jeunes hommes et d'anciens qui restaient ont été contraints d'entreprendre des travaux manuels et de construire des structures comme des maisons (logements des autorités et des institutions françaises), des routes, des ponts et des voies ferrées. Malgré cela, la France n'a pas réussi à éradiquer l'influence de l'héritage Foulbhé au Fuuta Jaloo parce qu'il était profondément enraciné depuis plusieurs centaines d'années. Cet héritage s'est nourri d'un passé long et glorieux avec lequel les habitants de Fuuta Jaloo se sont identifiés.

Par l'effondrement de l'Imâmat en 1913, dix-huit [18] Almâmys avait régné Fuuta Jaloo.

Almâmys souverains / traditionnellement élus (1725-1897)
1. Karamoko Alpha Ibrahîma Sambegou (Alphayâ)
2. Ibrahîma Sory Maoudho (Soriyâ)
3. Alpha Sâliou (Alphayâ)
4. Sâdou (Soriyâ)
5. Abdoullâhi Bâdemba (Alphayâ)
6. Abdoul Ghadiri (Soriyâ)
7. Boubacar/Bakar Zikourou (Alphayâ)
8. Yayâ (Soriyâ)
9. Alpha Bakar/Boubacar Maoudho (Alphayâ)
10. Oumar Dombiyadji (Soriyâ)
11. Ibrahîma Sori Dara (Alphayâ)
12. Ibrahîma Sory Donghol Félâ (Soriyâ)
13. Ahmadou Dâra (Alphayâ)
14. Boubacar Biro (Soriyâ)

Protectorat / colonisation (1897-1913)
15. Oumar Bâdemba (Alphayâ)
16. Sory Yilili (Soriyâ)
17. Baba Alimou (Soriyâ)
18. Bakar Biro (Soriyâ)

Après avoir passé tant de temps au Fuuta Jaloo, les Français considéraient le peuple comme avide, avare et très fier. Cependant, la France craignait la supériorité apparente de l'intelligence, la ténacité du dessein, la volonté forte et la méthode ingénieuse des Foulbhé qui étaient très différentes de celles des tribus voisines. Selon les Français, cette fierté ethnique est peut-être plus importante que leur fierté islamique.

L'arbre généalogique des deux maisons dirigeantes (Soriya et Alpha) de la république théocratique de Fuuta Jaloo, tel qu'il a été dessiné par les courtisans du palais

CONCLUSION

Le Fuuta Jaloo a été segmenté comme suit : la zone de Wellingara à Keydougou a fait partie du Sénégal sur le côté nord. Firdou a été intégré dans la Gambie. La partie orientale de Satadougou a fait partie du Soudan (aujourd'hui le Mali). Faranah et Kouroussa ont fait partie de la Guinée. De Kabala à certains lieux de Makeni ont fait partie de la Sierra Leone sur le côté sud. Des parties du côté occidental telles que Kindia et Boké ont fait partie de la Guinée. La région nord-ouest de Bafata et Ngâbou a été intégrée à la Guinée-Bissau.

En dehors du mode de vie nomade, les divisions ont repositionné les Foulbhé dans ces pays, mais ils ont toujours eu allégeance au Fuuta Jaloo en Guinée.

Les luttes pour s'intégrer dans les pays voisins ont amené de nombreux Foulbhé à changer leurs noms de famille pour refléter les premiers colons.

Dans une de mes conversations avec un Sierra Léonais que j'ai rencontré à Tokyo, au Japon, j'ai appris que son grand-père et moi partageons le même nom de famille Diallo. Son nom de famille actuel Cissé a été emprunté à sa grand-mère maternelle par son grand-père. Il m'a dit que lorsque son grand-père a émigré à Port Loko Town, en Sierra Leone, du Fuuta Jaloo, les habitants de Port Loko lui ont imposé des règles intenables juste pour prendre son troupeau. Il a épousé une femme Temné avec un fond de Madingo et a changé son nom de famille de Diallo à Cissé. C'est ainsi qu'il a commencé à porter le nom de sa grand-mère. Des scénarios semblables existent en Sierra Leone.

Une autre situation qui a contraint certains des Foulbhé qui sont allés en Sierra Leone pour changer leur nom de famille était quand ils ont dit aux habitants locaux d'où ils venaient. Ceux qui venaient de Bhoundou (au Sénégal) ont progressivement accepté d'être appelés Bundu. Ceux de Timbo (en Guinée) ont pris Timbo comme nom de famille. Les Foulbhé Jahogôbhé de Fuuta Masina

(Mali) ont pris la forme courte de leur description de Jah (Dia) comme leur nom de famille.

D'autres Foulbhé ont accepté leurs surnoms. Un exemple typique était le clan Barry (Seydiyanké et Seyrianké) de Timbo et Fougoumba dans le sud des terres Mendé. Pendant les jours de gloire de l'imamât de Fuuta Jaloo, certains d'entre eux se sont installés au sud de la Sierra Leone, et en raison de leur tempérament, les Mendés les appelaient souvent le « peuple chaud-tempéré » ou Kaikai, pour faire court dans le dialecte indigène de Mendé.

Lorsque le Fuuta Jaloo est tombé, beaucoup de gens ont échappé à la persécution et ont décidé d'assumer différents noms de famille pour éviter l'identification. Une personne notable était le fils d'Alpha Ibrahîma Fougoumba, qui a pris le nom de Karo.

D'autres Foulbhé ont estimé que leur deuxième prénom était beaucoup plus simple à utiliser. Des exemples de tels sont Wurie, signifiant vivant, Seray, etc.

Mon père m'a souvent raconté comment lui et certains de ses frères Foulbhé ont été traités à Kono, en Sierra Leone, dans les années 1970 et 1980. Il leur a fallu du temps pour posséder une terre. Au début, la communauté leur était hostile. Il y avait des barrières linguistiques, culturelles et religieuses qu'ils devaient surmonter.

Certains de nos ancêtres qui ont fui vers les pays voisins n'ont jamais renoncé au fait que Fuuta Jaloo pouvait pas être ressuscité. Certains d'entre eux ont refusé de prendre une résidence permanente dans un pays étranger et espéraient que la résistance serait formée pour reprendre le pays. Ils se considéraient comme des résidents temporaires.

Contrairement aux Foulbhé, d'autres tribus avec des noms de famille comme Sylla, Camara, Sacko, Souaré et Diaby qui avaient régné avec les Foulbhé au Fuuta Jaloo ont mis hors de leur esprit le sujet de ressusciter le Fuuta Jaloo et ont décidé de se consacrer entièrement à leur nouvel environnement. Lorsque nos pères Foulbhé ont décidé de s'installer en Sierra Leone, d'oublier de faire revivre l'Imâmat de Fuuta Jaloo et de posséder une terre, une opinion s'était déjà formée à leur sujet. L'opinion était que les Foulbhé étaient seulement limités à ceux qui ont des noms de famille comme Diallo, Barry, Bah et Sow, et ceux-ci, peu importe qui ils étaient, ils étaient plus guinéens que Sierra-Léonais. Cependant, les noms de famille Foulbhé n'ont pas commencé et fini avec seulement ceux qui viennent d'être mentionnés plutôt, d'autres incluent Thiam, Ly, Sy, Tall, Sall, Savané / Sawaneh, Diakité, Sidibé, Sangaré, Wann pour n'en nommer que quelques-uns.

Mon père, comme beaucoup de Foulbhé de la génération précédente, a fini par accepter le fait que le Fuuta Jaloo ne pouvait pas être un protectorat ou une République souveraine comme elle l'était autrefois. Cependant, comme beaucoup de sa génération, il n'a cessé d'aimer et de consacrer ses services au Fuuta Jaloo jusqu'à sa mort. Il a maintenu les normes de l'enseignement des enfants du Fuuta Jaloo, a maintenu les héritages hérités de ses parents. Il s'est assuré que tous ses enfants nés en Sierra Leone savaient que leur racine était le village de Djîfin, au Fuuta Jaloo. Aujourd'hui, ce village se trouve entre la frontière de Mamou et Dabola, République de Guinée.

REFERENCES BIBLIOGRAPHIQUES

1. Alfâ Ibrâhîma Sow, Oogirde malal: The Seam of Eternal Happiness, Paris: African Classics 1971.

2. Alfâ Ibrâhîma Sow, Chroniques et récits du Fuuta Jaloo, Paris 1968.

3. Alfâ Ibrâhîma Sow, La femme, la vache, la foi, Paris 1966, 77.

4. Djibril Tamsir Niane : Sundiata : An Epic of Old Mali. Pearson Longman, 2006 - History - 96 pages

5. Djibril Tamsir Niane: About Koli Tenguella. African Research (Guinean Studies), new series, nos. 1 and 4 (Oct-Dec.), 1959, 1960, pp. 35–46; 32–

6. Djibril Tamsir Niane: Koly Tenguella and Tekrour. African Research (Guinean Studies), New Series, no. 1 (Jan-Mar), 1969, pp.58–68.

7. Georges Legrain : Statues and statuettes of kings and individuals, in Catalogue général des antiquités égyptiennes du Musée du Caire, Cairo, 1906. I, 171 pp., 79 pls, available copyright-free online, published in 1906, see p. 18 and p. 109

8. Hanno the Navigator and Wilfred Harvey Schoff: The Periplus of Hanno: A Voyage of Discovery Down the West African Coast, by a Carthaginian Admiral of the Fifth Century B.C.: 1913

9. Kim Ryholt: The Political Situation in Egypt during the Second Intermediate Period, c. 1800 - 1550 BC, Copenhagen: Museum Tusculanum Press, ISBN 8772894210, 1997.

10. Kuhrt, Amélie (1995), The Ancient Near East: c. 3000–330 BC, London: Routledge, ISBN 9780415013536

11. Loius Tauxier: Stories of the Peuls of Fouta-Djallon: Payot, Paris, 1937

12. Muzzolini, A (1997) "Saharan Rock Art", in Vogel, J O (ed) Encyclopedia of Precolonial Africa Walnut Creek: 347-353.

13. Roger Botte, Power of the Book, Power of Men: Religion as a Criterion of Distinction, Journal of Africanists, lx, 2, 1990, 37-51.

14. Thierno Mamadou Bah (2014), Histoire du Fuuta-Djallon, Des origines au XXè siècle.

15. Paul Marty, Islam in Guinee. Editions Ernest Leroux. Paris. 1921. 588 pages

4ᵉ de Couverture

Le présent ouvrage en langue française est la traduction du livre intitulé « From Babylon to Fuuta Jaloh ».

Il s'articule en 21 Chapitres portant sur l'origine des Foulbhé, leurs Empires et Royaumes en général avant de s'appesantir sur l'Etat théocratique du Fuuta Jaloo: la genèse de sa formation, les étapes historiques de son évolution depuis sa création à son déclin et sa chute suite aux divisions et crises internes dont profitera la France pour s'implanter et asseoir sa domination.

Il rend compte aussi des éléments culturels spécifiques de la société Peule du Fuuta dont est originaire l'auteur, notamment le code de conduite, l'enseignement islamique, le mode de vie, la littérature écrite Halpoular, les relations particulières entre El Hadj Oumat Tall et les grands érudits du Fuuta Jaloo de l'époque. L'ouvrage s'achève par le processus de mise à l'écart des chefs traditionnels et religieux et la mise en place du système colonial supplantant l'ancien ordre traditionnel.

Abu Bakarr Jalloh est un géologue, ingénieur et chercheur universitaire qui aime aussi raconter des faits historiques. Né en Sierra Leone, il a ensuite déménagé en Guinée à l'âge de sept ans en raison de la guerre civile dans son pays natal. Abou, comme on l'appelle affectueusement, a commencé sa scolarité en Guinée et est ensuite retourné en Sierra Leone.

Après avoir obtenu son diplôme de l'Université de Sierra Leone, Abou a travaillé brièvement dans le secteur minier du pays avant de se rendre au Japon pour des études supérieures. Pendant son séjour au Japon, il a assisté et présenté ses documents de recherche à des conférences et des ateliers prestigieux dans le monde entier.

De l'Afrique du Sud à l'Europe, de l'Amérique du Nord à l'Asie, il a promu l'utilisation de l'intelligence artificielle dans les opérations géologiques et minières. Abou est actuellement basé aux États-Unis avec sa famille.

Made in the USA
Columbia, SC
06 May 2023

16088903R00085